MAXIMES

DU DUC

DE LA ROCHEFOUCAULD.

DE L'IMPRIMERIE DE LEFEBVRE, RUE DE LILLE, N°. 11.

FRANÇOIS VI DUC DE LA ROCHEFOUCAULD
Né CO M·DC·XIII M·a·D·M·DC·LXXX

Peint en Email par Petitot.

Gravé en 1770 par F. Chossard
De l.cl. Grav. de l'ni. Imp. et du Roi d'Espagne.

MAXIMES

ET

RÉFLEXIONS

MORALES

DU DUC

DE LA ROCHEFOUCAULD,

ORNÉES DE SON PORTRAIT

GRAVÉ D'APRÈS PETITOT PAR P.-P. CHOFFARD,

ET D'UN MODÈLE DE SON ÉCRITURE PAR MILLER.

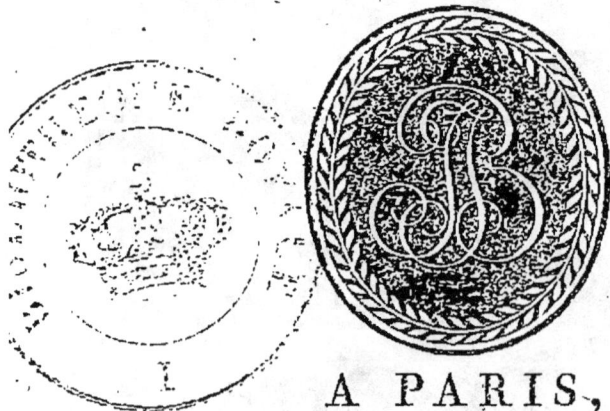

A PARIS,

CHEZ { J.-J. BLAISE, Libraire, quai des Augustins, n°. 61.
{ PICHARD, Libraire, quai Voltaire, n°. 21.

MDCCCXIII.

(C.)

AVERTISSEMENT

DE L'ÉDITEUR.

L'ÉDITION que l'on offre aujourd'hui au public, joint au mérite d'être aussi correcte que celles qui l'ont précédée celui de présenter, sous le format le plus convenable pour une bibliothèque, un des chefs-d'œuvres de notre littérature.

Le texte a été imprimé sur celui de l'Edition donnée à l'Imprimerie royale en 1778. Il a été scrupuleusement collationné avec les éditions postérieures à cette époque, notamment celles de l'abbé Brottier, de MM. Didot, père et fils, et enfin avec la magnifique édition in-folio donnée récemment à Parme, par le célèbre Bodoni.

Les épreuves de celle que nous publions ont été revues avec le soin le plus attentif; on peut donc affirmer avec certitude qu'elle ne le cède, pour la correction, à aucunes de celles qui l'ont précédée.

Le portrait qui est à la tête de ce volume, mérite aussi d'être remarqué : il a été gravé avec un soin extrême d'après un émail de Petitot, conservé au Musée Napoléon, par le célèbre M. Choffard, dont les arts déplorent tous les jours la perte : (ce morceau est regardé comme un des plus précieux de l'œuvre de cet artiste distingué).

Depuis quelques années on s'est plu à orner certains livres d'un modèle gravé qui offrît un exemple d'écriture de l'auteur que l'on publioit; c'est une nouveauté qui a paru plaire généralement, et pour nous conformer à ce goût du public, nous avons joint à ce volume le fac simile *d'une lettre inédite de M. le duc de la Rochefoucauld.*

On pourra remarquer un petit nombre de notes placées au bas de certaines Maximes ; ces notes sont extraites de lettres inédites de M. de la Rochefoucauld, conservées parmi les manuscrits de la Bibliothèque impériale. On a cru devoir les publier pour faire connoître la manière dont cet illustre écrivain interprêtoit le sens de quelques pensées plus difficiles que les autres à saisir.

Enfin nous ne dirons qu'un mot de la Notice placée à la tête de cet ouvrage, c'est la même que celle dont on a orné la belle édition de 1778, et que depuis on a constamment réimprimée dans les diverses éditions. Tous les amis des lettres ayant paru attacher le plus grand prix à un morceau qui respire et le goût le plus pur et les principes de la plus saine littérature, nous n'avons cru pouvoir mieux faire que de reproduire cette Notice à la tête d'une édition que nous nous sommes efforcés de rendre digne de la célébrité de l'auteur et de l'attention du public.

Je crois que ... faites bien croire que ... faut que je suis ... humble ... très obéis... serviteur.

H. Nestor

Madame

Madame la Marquise
de Sablé

NOTICE

SUR LE CARACTÈRE ET LES ÉCRITS

DU DUC

DE LA ROCHEFOUCAULD.

FRANÇOIS, Duc de la Rochefoucauld, Auteur *des Réflexions morales*, naquit en 1613.

Son éducation fut négligée, mais la nature suppléa à l'instruction.

Il avoit, dit madame de Maintenon, *une physionomie heureuse, l'air grand, beaucoup d'esprit, et peu de savoir.*

Le moment où il entra dans le monde étoit un temps de crise pour les mœurs nationales : la puissance des Grands, abaissée et contenue par l'administration despotique et vigoureuse du Cardinal de Richelieu, cherchoit

encore à lutter contre l'autorité ; mais
à l'esprit de faction on avoit substitué
l'esprit d'intrigue.

L'intrigue n'étoit pas alors ce qu'elle
est aujourd'hui : elle tenoit à des mœurs
plus fortes, et s'exerçoit sur des objets
plus importans. On l'employoit à se
rendre nécessaire ou redoutable ; aujourd'hui elle se borne à flatter et à
plaire. Elle donnoit de l'activité à l'esprit, au courage, aux talens, aux vertus même ; elle n'exige aujourd'hui
que de la souplesse et de la patience.
Son but avoit quelque chose de noble
et d'imposant : c'étoit la domination et
la puissance ; aujourd'hui, petite dans
ses vues, comme dans ses moyens, la
vanité et la fortune en sont le mobile
et le terme. Elle tendoit à unir les
hommes ; aujourd'hui elle les isole.

Plus dangereuse alors , elle embarrassoit l'administration et arrêtoit les progrès d'un bon gouvernement ; aujourd'hui , favorable à l'autorité , elle ne fait que rapetisser les ames et avilir les mœurs. Alors , comme aujourd'hui , les femmes en étoient les principaux instrumens ; mais l'amour, ou ce qu'on honoroit de ce nom , avoit une sorte d'éclat qui en impose encore , et s'anoblissoit un peu en se mêlant aux grands intérêts de l'ambition ; au lieu que la galanterie de nos jours , dégradée elle-même par les petits intérêts auxquels elle s'associe , dégrade et l'ambition et les ambitieux.

L'esprit de faction se ranima à la mort de Richelieu. La minorité de Louis XIV parut aux Grands un moment favorable pour reprendre quelque influence sur les affaires publiques. M. de la Rochefoucauld fut entraîné par le mouvement général, et des intérêts de galanterie concoururent à l'engager dans la guerre de la Fronde : guerre ridicule, parce qu'elle se faisoit sans objet, sans plan, et sans chef, et qu'elle n'avoit pour mobile que l'inquiétude de quelques hommes plus intrigans qu'ambitieux, fatigués seulement de l'inaction et de l'obéissance.

Il étoit alors l'amant de la Duchesse de Longueville. On sait qu'ayant été blessé au combat de S.-Antoine d'un coup de-mousquet qui lui fit perdre quelque temps la vue, il s'appliqua ces deux vers connus de la tragédie d'*Alcionée* de Duryer :

Pour mériter son cœur, pour plaire à ses beaux yeux,
J'ai fait la guerre aux Rois, je l'aurois faite aux Dieux.

Lorsqu'il se brouilla ensuite avec madame de Longueville, il parodia ainsi ces vers :

Pour ce cœur inconstant, qu'enfin je connois mieux,
J'ai fait la guerre aux Rois ; j'en ai perdu les yeux.

On voit, par la vie du Duc de la Rochefoucauld qu'il s'engageoit aisément dans une intrigue, mais que bientôt il montroit pour en sortir autant d'impatience qu'il en avoit mis à y entrer. C'est ce que lui reproche le Cardinal de Retz, et ce qu'il attribue à une irrésolution naturelle qu'il ne sait comment expliquer.

Il est aisé, ce me semble, de trouver dans le caractère de M. de la Rochefoucauld une cause plus vraisemblable de cette conduite. Avec sa douceur naturelle, sa facilité de mœurs, son goût pour la galanterie, il lui étoit

difficile de ne pas entrer dans quelque
parti, au milieu d'une Cour où tout
étoit parti, et où l'on ne pouvoit rester
neutre sans être au moins accusé de
foiblesse. Mais, avec cette raison supé-
rieure, cette probité sévère, cet esprit
juste, conciliant, et observateur, que
ses contemporains ont reconnus en lui,
comment eût-il pu s'accommoder long-
temps de ces intrigues où le bien public n'étoit tout au plus qu'un prétexte;
où chaque individu ne portoit que ses
passions et ses vues particulières, sans
aucun but d'utilité générale ; où les affaires les plus graves se traitoient sans
décence et sans principes ; où les plus
grands intérêts étoient sans cesse sacri-
fiés aux plus petits motifs; qui étoient
enfin le scandale de la raison comme
du gouvernement ?

L'esprit de parti tient à la nature des gouvernemens libres : il peut s'y concilier avec la vertu et le véritable patriotisme. Dans une monarchie, il ne peut être suscité que par un sentiment d'indépendance, ou par des vues d'ambition personnelle, également incompatibles avec un bon gouvernement ; il y corrompt le germe de toutes les vertus, quoiqu'il puisse y mettre en activité des qualités brillantes qui ressemblent à des vertus.

C'est ce que M. de la Rochefoucauld ne pouvoit manquer de sentir. Ainsi, quoiqu'il eût été une partie de sa vie engagé dans les intrigues de parti, où sa facilité et ses liaisons sembloient l'entretenir malgré lui, on voit que son caractère le ramenoit à la vie privée, où il se fixa enfin, et où il sut jouir

des charmes de l'amitié et des plaisirs
de l'esprit.

On connoît la tendre amitié qui l'u-
nit jusqu'à la fin de sa vie à madame
de la Fayette. Les Lettres de madame
de Sévigné nous apprennent que sa maison étoit le rendez-vous de ce qu'il y
avoit de plus distingué à la cour et à
la ville par le nom, l'esprit, les talens, et la politesse. C'est au milieu de
cette société choisie qu'il composa ses
Mémoires et ses *Réflexions morales*.

Ses Mémoires sont écrits avec une
élégance noble et un grand air de sincérité ; mais les événemens qui en font
le sujet ont beaucoup perdu de l'intérêt
qu'ils avoient alors. Bayle (*) va trop
loin, sans doute, en donnant la préfé-

(*) Dict. Crit. art. CÉSAR.

rence à ces Mémoires sur les Commen-
taires de César ; la postérité en a jugé au-
trement. Nous nous en tiendrons à ce
mot de M. de Voltaire, dans la notice
des écrivains du siècle de Louis XIV :
*Les Mémoires du Duc de la Rochefou-
cauld sont lus, et l'on sait par cœur ses
pensées.* C'est en effet le livre des PEN-
SÉES qui a fait la réputation de M. de
la Rochefoucauld. Nous ne le louerons
qu'en citant encore M. de Voltaire :
quels éloges pourroient avoir plus de
grâce et d'autorité ? « Un des ouvrages,
» dit ce grand homme (*), qui con-
» tribuèrent le plus à former le goût
» de la Nation, et à lui donner un es-
» prit de justesse et de précision, fut le

(*) Siècle de Louis XIV, chap. XXXII,
des Beaux-Arts.

2

» recueil des *Maximes de François,*
» *Duc de la Rochefoucauld.* Quoiqu'il
» n'y ait presque qu'une vérité dans
» ce livre, qui est que *l'amour-propre*
» *est le mobile de tout,* cependant cette
» pensée se présente sous tant d'aspects
» variés, qu'elle est presque toujours
» piquante : c'est moins un livre que
» des matériaux pour orner un livre.
» On lut avidement ce petit recueil : il
» accoutuma à penser, et à renfermer
» ses pensées dans un tour vif, précis
» et délicat. C'étoit un mérite que per-
» sonne n'avoit eu avant lui en Europe,
» depuis la naissance des lettres ». Cet
ouvrage parut d'abord anonyme. Il ex-
cita une grande curiosité : on le lut
avec avidité, et on l'attaqua avec achar-
nement. On l'a réimprimé souvent, et
on l'a traduit dans toutes les langues.

Il a fait faire beaucoup d'autres livres ; par-tout enfin , et dans tous les temps , il a trouvé des admirateurs et des censeurs. C'est là , ce me semble , le sceau du plus grand succès pour les productions de l'esprit humain.

On a accusé M. de la Rochefoucauld de calomnier la nature humaine : le Cardinal de Retz lui-même lui reproche de ne pas croire assez à la vertu. Cette imputation peut avoir quelque fondement ; mais il nous semble qu'on l'a poussée trop loin.

M. de la Rochefoucauld a peint les hommes comme il les a vus. C'est dans les temps de faction et d'intrigues politiques qu'on a plus d'occasions de connoître les hommes, et plus de motifs pour les observer : c'est dans ce jeu

2 *

continuel de toutes les passions humaines que les caractères se dévelop-
pent, que les foiblesses échappent, que
l'hypocrisie se trahit, que l'intérêt per-
sonnel se mêle à tout, gouverne et corrompt tout.

En regardant l'amour-propre comme
le mobile de toutes les actions, M. de
la Rochefoucauld ne prétendoit pas
énoncer un axiome rigoureux de mé-
taphysique. Il n'exprimoit qu'une vérité d'observation, assez générale pour
être présentée sous cette forme absolue
et tranchante qui convient à des pensées détachées, et qu'on emploie tous
les jours dans la conversation et dans
les livres, en généralisant des obser-
vations particulières.

Il n'appartenoit qu'à un homme

d'une réputation bien pure et bien re-
connue d'oser flétrir ainsi le principe
de toutes les actions humaines. Mais il
donnoit l'exemple de toutes les vertus
dont il paroissoit contester même l'exis-
tence. Il sembloit réduire l'amitié à un
échange de bons offices, et jamais il
n'y eut d'ami plus tendre, plus fidèle,
et plus désintéressé. *La bravoure personnelle*, dit madame de Maintenon,
*lui paroissoit une folie, et à peine s'en
cachoit-il; il étoit cependant fort brave.*
Il donna des preuves de la plus grande
valeur au siége de Bordeaux et au combat de Saint-Antoine.

Sa vieillesse fut éprouvée par les
douleurs les plus cruelles de l'ame et
du corps. Il montra dans les unes la
sensibilité la plus touchante, et dans
les autres une fermeté extraordinaire.

Son courage ne l'abandonna jamais que
dans la perte des personnes qui lui
étoient chères. Un de ses fils fut tué
au passage du Rhin, et l'autre y fut
blessé. « J'ai vu, dit madame de Sé-
» vigné, son cœur à découvert dans
» cette cruelle aventure ; il est au pre-
» mier rang de tout ce que je connois
» de courage, de mérite, de tendresse,
» et de raison : je compte pour rien
» son esprit et ses agrémens ».

La goutte le tourmenta pendant les
dernières années de sa vie, et le fit
périr dans des douleurs intolérables.
Madame de Sévigné, qu'on ne peut se
lasser de relire et de citer, peint d'une
manière touchante les derniers momens de cet homme célèbre. « Son
» état, dit-elle, est une chose digne
» d'admiration. Il est fort bien disposé

» pour sa conscience ; voilà qui est
» fait : mais du reste, c'est la maladie
» et la mort de son voisin dont il est
» question ; il n'en est pas troublé , il
» n'en est pas effleuré.... Ce n'est pas
» inutilement qu'il a fait des réflexions
» toute sa vie ; il s'est approché de telle
» sorte de ces derniers momens , qu'ils
» n'ont rien de nouveau ni d'étrange
» pour lui ».

Il mourut en 1680 , laissant une fa-
mille désolée et des amis inconsolables.

Il avoit reçu de ses ancêtres un nom
illustre ; il l'a transmis avec un nou-
vel éclat à des descendans dignes d'en
accroître l'honneur. Il y a des qualités
héréditaires dans certaines familles. Le
goût des lettres semble s'être perpétué
dans la maison de la Rochefoucauld
avec toutes les vertus des mœurs an-

ciennes , unies à celles des temps plus
éclairés.

    Charles-Quint, à son voyage en Fran-
ce , fut reçu , en 1539 , dans le Château de Verteuil , par l'aïeule du Duc
de la Rochefoucauld. En quittant ce
château , l'Empereur déclara , suivant
les paroles d'un historien contempo-
rain , *n'avoir jamais entré en maison*
qui mieux sentît sa grande vertu , hon-
nêteté , et seigneurie que celle-là. Un
successeur de Charles-Quint auroit pu
faire la même observation chez les descendans de l'auteur des *Maximes.*

    Si la véritable grandeur de la no-
blesse consistoit à donner à tous les
citoyens l'exemple du patriotisme ; à
joindre la simplicité à la dignité dans
les mœurs ; à ne faire usage du crédit,
de la fortune , de l'autorité même que

donne la vertu, que pour faire le bien,
l'encourager et le défendre ; à honorer
le mérite dans tous les genres et à le
servir avec zèle ; à ne solliciter les hon-
neurs que par les services et les talens ;
à vivre dans ses terres pour y exciter
le travail et l'industrie, pour protéger
ses vassaux contre les vexations, pour
les secourir contre le malheur et l'in-
digence : les Grands, vraiment dignes
de ce nom, seroient fort rares, sans
doute ; mais nous pourrions encore en
offrir des modèles.

Cette Notice est de M. Suard.

Pour compléter cette intéressante
Notice, on a cru devoir placer ici deux
Fables célèbres de La Fontaine ; la première est le plus bel éloge qu'on puisse
faire des Maximes.

L'Homme et son Image. (l. 1, f. 11.)

U N Homme qui s'aimoit, sans avoir de rivaux,
Passoit dans son esprit pour le plus beau du monde.
Il accusoit toujours le miroir d'être faux,
Vivant plus que content dans une erreur profonde.
Afin de le guérir, le sort officieux
     Présentoit par-tout à ses yeux
Les conseillers muets dont se servent nos dames :
Miroirs dans le logis, miroirs chez les marchands,
     Miroirs aux poches des galans,
     Miroirs aux ceintures des femmes.
Que fait notre Narcisse? Il se va confiner
Aux lieux les plus cachés qu'il peut s'imaginer,
N'osant plus des miroirs éprouver l'aventure.
Mais un canal, formé par une source pure,
     Se trouve en ces lieux écartés :
Il s'y voit, il se fâche; et ses yeux irrités
Pensent apercevoir une chimère vaine.
Il fait tout ce qu'il peut pour éviter cette eau :
     Mais quoi? le canal est si beau,
     Qu'il ne le quitte qu'avec peine.

     On voit bien où je veux venir.
     Je parle à tous, et cette erreur extrême
Est un mal que chacun se plaît d'entretenir.
Notre ame, c'est cet homme amoureux de lui-même;

Tant de miroirs, ce sont les sottises d'autrui,
Miroirs, de nos défauts les peintres légitimes ;
    Et quant au canal, c'est celui
    Que chacun sait ; le livre des Maximes.

« Quoi de plus spirituellement imaginé
» pour louer un livre d'une philosophie pi-
» quante, qui plaît même à ceux qu'il a cen-
» surés, que de le comparer au cristal d'une
» eau transparente, où l'homme vain, qui
» craint tous les miroirs qu'il n'a jamais
» trouvé assez flatteurs, aperçoit malgré lui
» ses traits tels qu'ils sont, dont il veut en
» vain s'éloigner, et vers laquelle il revient
» toujours? Peut-on louer avec plus d'esprit?»

LAHARPE, *Cours de littérature*,
tome *VI*, page 333.

La seconde Fable est des plus ingé-
nieuses pour exprimer la légèreté des
hommes. Le duc de la Rochefoucauld
en avoit fourni le sujet à La Fontaine.

Les Lapins. (liv. 10 , fab. 15.)

DISCOURS A M. LE DUC DE LA ROCHEFOUCAULD.

JE me suis souvent dit, voyant de quelle sorte
　　　　L'homme agit, et qu'il se comporte
En mille occasions comme les animaux :
Le roi de ces gens-là n'a pas moins de défauts
　　　　Que ses sujets; et la nature
　　　　A mis dans chaque créature
Quelque grain d'une masse où puisent les esprits.
J'entends les esprits corps et pétris de matière.
　　　　Je vais prouver ce que je dis.

A l'heure de l'affût, soit lorsque la lumière
Précipite ses traits dans l'humide séjour,
Soit lorsque le soleil rentre dans sa carrière,
Et que, n'étant plus nuit, il n'est pas encor jour,
Au bord de quelque bois sur un arbre je grimpe,
Et, nouveau Jupiter, du haut de cet Olympe
　　　　Je foudroie à discrétion
　　　　Un lapin qui n'y pense guère.
Je vois fuir aussitôt toute la nation
　　　　Des lapins qui, sur la bruyère,
　　　　L'œil éveillé, l'oreille au guet,
S'égayoient, et de thym parfumoient leur banquet.

Le bruit du coup fait que la bande
S'en va chercher sa sûreté
Dans la souterraine cité :
Mais le danger s'oublie, et cette peur si grande
S'évanouit bientôt. Je revois les lapins,
Plus gais qu'auparavant, revenir sous mes mains.

Ne reconnoît-on pas en cela les humains ?
Dispersés par quelque orage,
A peine ils touchent le port,
Qu'ils vont hasarder encor
Même vent, même naufrage.
Vrais lapins, on les revoit
Sous les mains de la Fortune.

Joignons à cet exemple une chose commune.
Quand des chiens étrangers passent par quelque endroit
Qui n'est pas de leur détroit,
Je laisse à penser quelle fête !
Les chiens du lieu, n'ayant en tête
Qu'un intérêt de gueule, à cris, à coups de dents
Vous accompagnent ces passans
Jusqu'aux confins du territoire.

Un intérêt de biens, de grandeur et de gloire,
Aux gouverneurs d'états, à certains courtisans,
A gens de tous métiers, en fait tout autant faire.
On nous voit tous, pour l'ordinaire,

Piller le survenant, nous jeter sur sa peau.
La coquette et l'auteur sont de ce caractère :
  Malheur à l'écrivain nouveau !
Le moins de gens qu'on peut à l'entour du gâteau :
  C'est le droit du jeu, c'est l'affaire.
Cent exemples pourroient appuyer mon discours ;
  Mais les ouvrages les plus courts
Sont toujours les meilleurs. En cela j'ai pour guide
Tous les maîtres de l'art, et tiens qu'il faut laisser
Dans les plus beaux sujets quelque chose à penser :
  Ainsi ce discours doit cesser.

Vous, qui m'avez donné ce qu'il a de solide,
Et dont la modestie égale la grandeur,
Qui ne pûtes jamais écouter sans pudeur
  La louange la plus permise,
  La plus juste, et la mieux acquise,
Vous enfin, dont à peine ai-je encore obtenu
Que votre nom reçût ici quelques hommages,
Du temps et des censeurs défendant mes ouvrages,
Comme un nom qui, des ans et des peuples connu,
Fait honneur à la France, en grands noms plus féconde
  Qu'aucun climat de l'univers,
Permettez-moi du moins d'apprendre à tout le monde
Que vous m'avez donné le sujet de ces vers.

RÉFLEXIONS
MORALES.

I.

CE que nous prenons pour des vertus
n'est souvent qu'un assemblage de diverses actions et de divers intérêts que
la fortune ou notre industrie savent arranger; et ce n'est pas toujours par valeur et par chasteté que les hommes
sont vaillans et que les femmes sont
chastes.

II.

L'amour-propre est le plus grand de
tous les flatteurs.

III.

Quelques découvertes que l'on ait

faites dans le pays de l'amour-propre,
il y reste encore bien des terres in-
connues.

IV.

L'amour-propre est plus habile que
le plus habile homme du monde.

V.

La durée de nos passions ne dépend
pas plus de nous que la durée de notre
vie.

VI.

La passion fait souvent un fou du
plus habile homme, et rend souvent
habiles les plus sots.

VII.

Ces grandes et éclatantes actions qui
éblouissent les yeux, sont représentées
par les politiques comme les effets des

grands desseins, au lieu que ce sont d'ordinaire les effets de l'humeur et des passions. Ainsi la guerre d'Auguste et d'Antoine, qu'on rapporte à l'ambition qu'ils avoient de se rendre maîtres du monde, n'étoit peut-être qu'un effet de jalousie.

VIII.

Les passions sont les seuls orateurs qui persuadent toujours : Elles sont comme un art de la nature, dont les règles sont infaillibles ; et l'homme le plus simple qui a de la passion, persuade mieux que le plus éloquent qui n'en a point.

IX.

Les passions ont une injustice et un propre intérêt, qui fait qu'il est dangereux de les suivre, et qu'on s'en doit défier, lors même qu'elles paroissent le plus raisonnables.

X.

Il y a dans le cœur humain une génération perpétuelle de passions, en sorte que la ruine de l'une est presque toujours l'établissement d'une autre.

XI.

Les passions en engendrent souvent qui leur sont contraires : l'avarice produit quelquefois la prodigalité, et la prodigalité l'avarice ; on est souvent ferme par foiblesse, et audacieux par timidité.

XII.

Quelque soin que l'on prenne de couvrir ses passions par des apparences de piété et d'honneur, elles paroissent toujours au travers de ces voiles.

XIII.

Notre amour-propre souffre plus impatiemment la condamnation de nos goûts que de nos opinions.

XIV.

Les hommes ne sont pas seulement sujets à perdre le souvenir des bienfaits et des injures ; ils haïssent même ceux qui les ont obligés , et cessent de haïr ceux qui leur ont fait des outrages. L'application à récompenser le bien et à se venger du mal, leur paroît une servitude à laquelle ils ont peine à se soumettre.

XV.

La clémence des Princes n'est sou-

3 *

vent qu'une politique pour gagner l'affection des peuples.

XVI.

Cette clémence, dont on fait une vertu, se pratique, tantôt par vanité, quelquefois par paresse, souvent par crainte, et presque toujours par tous les trois ensemble.

XVII.

La modération des personnes heureuses vient du calme que la bonne fortune donne à leur humeur.

XVIII.

La modération est une crainte de tomber dans l'envie et dans le mépris que méritent ceux qui s'enivrent de leur bonheur; c'est une vaine ostentation de la force de notre esprit; enfin la modération des hommes dans leur plus haute élévation, est un désir de paroître plus grands que leur fortune.

XIX.

Nous avons tous assez de force pour supporter les maux d'autrui.

XX.

La constance des sages n'est que l'art de renfermer leur agitation dans leur cœur.

XXI.

Ceux qu'on condamne au supplice affectent quelquefois une constance et un mépris de la mort, qui n'est en effet que la crainte de l'envisager ; de sorte qu'on peut dire que cette constance et ce mépris sont à leur esprit ce que le bandeau est à leurs yeux.

XXII.

La philosophie triomphe aisément des maux passés et des maux à venir ; mais les maux présens triomphent d'elle.

XXIII.

Peu de gens connoissent la mort ; on ne la souffre pas ordinairement par résolution, mais par stupidité et par coutume ; et la plupart des hommes meurent, parce qu'on ne peut s'empêcher de mourir.

XXIV.

Lorsque les grands hommes se laissent abattre par la longueur de leurs infortunes, ils font voir qu'ils ne les soutenoient que par la force de leur ambition, non par celle de leur ame ; et qu'à une grande vanité près, les héros sont faits comme les autres hommes.

XXV.

Il faut de plus grandes vertus pour soutenir la bonne fortune que la mauvaise.

XXVI.

Le Soleil ni la mort ne se peuvent regarder fixement.

XXVII.

On fait souvent vanité des passions, même les plus criminelles; mais l'envie est une passion timide et honteuse que l'on n'ose jamais avouer.

XXVIII.

La jalousie est en quelque manière juste et raisonnable, puisqu'elle ne tend qu'à conserver un bien qui nous appartient, ou que nous croyons nous appartenir; au lieu que l'envie est une fureur qui ne peut souffrir le bien des autres.

XXIX.

Le mal que nous faisons ne nous attire pas tant de persécutions et de haine que nos bonnes qualités.

XXX.

Nous avons plus de force que de volonté ; et c'est souvent pour nous excuser à nous-mêmes que nous nous imaginons que les choses sont impossibles.

XXXI.

Si nous n'avions point de défauts , nous ne prendrions pas tant de plaisir à en remarquer dans les autres.

XXXII.

La jalousie se nourrit dans les doutes ; elle devient fureur , ou elle finit,

sitôt qu'on passe du doute à la certitude.

XXXIII.

L'orgueil se dédommage toujours, et
ne perd rien, lors même qu'il renonce
à la vanité.

XXXIV.

Si nous n'avions point d'orgueil,
nous ne nous plaindrions pas de celui
des autres.

XXXV.

L'orgueil est égal dans tous les hommes, et il n'y a de différence qu'aux
moyens et à la manière de le mettre
au jour.

XXXVI.

Il semble que la nature, qui a si sa-
gement disposé les organes de notre
corps pour nous rendre heureux, nous

ait aussi donné l'orgueil pour nous épargner la douleur de connoître nos imperfections.

XXXVII.

L'orgueil a plus de part que la bonté aux remontrances que nous faisons à ceux qui commettent des fautes ; et nous ne les reprenons pas tant pour les en corriger, que pour leur persuader que nous en sommes exempts.

XXXVIII.

Nous promettons selon nos espérances, et nous tenons selon nos craintes.

XXXIX.

L'intérêt parle toutes sortes de langues et joue toutes sortes de personnages, même celui de désintéressé.

XL.

L'intérêt qui aveugle les uns fait la lumière des autres.

XLI.

Ceux qui s'appliquent trop aux petites choses deviennent ordinairement incapables des grandes.

XLII.

Nous n'avons pas assez de force pour suivre toute notre raison.

XLIII.

L'homme croit souvent se conduire lorsqu'il est conduit ; et pendant que, par son esprit, il tend à un but, son cœur l'entraîne insensiblement à un autre.

XLIV.

La force et la foiblesse de l'esprit

sont mal nommées ; elles ne sont en
effet que la bonne ou la mauvaise disposition des organes du corps.

XLV.

Le caprice de notre humeur est encore plus bizarre que celui de la fortune.

XLVI.

L'attachement ou l'indifférence que
les philosophes avoient pour la vie,
n'étoit qu'un goût de leur amour-propre, dont on ne doit non plus disputer
que du goût de la langue ou du choix
des couleurs.

XLVII.

Notre humeur met le prix à tout ce
qui nous vient de la fortune.

LXVIII.

La félicité est dans le goût, et non

pas dans les choses ; et c'est par avoir
ce qu'on aime qu'on est heureux , non
par avoir ce que les autres trouvent
aimable.

XLIX.

On n'est jamais si heureux ni si
malheureux qu'on se l'imagine.

L.

Ceux qui croient avoir du mérite se
font un honneur d'être malheureux ,
pour persuader aux autres et à eux-
mêmes qu'ils sont dignes d'être en butte
à la fortune (*).

(*) *Nous plaçons ici une pensée encore
inédite qui a quelque rapport avec celle que
l'on vient de lire.*

On se console souvent d'être malheureux
par un certain plaisir qu'on trouve à le paroître.   *Manusc. fol.* 220.

LI.

Rien ne doit tant diminuer la satisfaction que nous avons de nous-mêmes,
que de voir que nous désapprouvons
dans un temps ce que nous approuvions
dans un autre.

LII.

Quelque différence qu'il paroisse entre les fortunes, il y a une certaine com-
pensation de biens et de maux qui les
rend égales.

LIII.

Quelques grands avantages que la nature donne, ce n'est pas elle seule,
mais la fortune avec elle, qui fait les
héros.

LIV.

Le mépris des richesses étoit dans
les philosophes un désir caché de ven-

ger leur mérite de l'injustice de la fortune par le mépris des mêmes biens
dont elle les privoit ; c'étoit un secret
pour se garantir de l'avilissement de la
pauvreté ; c'étoit un chemin détourné
pour aller à la considération , qu'ils
ne pouvoient avoir par les richesses.

LV.

La haine pour les favoris n'est autre
chose que l'amour de la faveur. Le dé-
pit de ne la pas posséder se console et
s'adoucit par le mépris que l'on témoigne de ceux qui la possèdent ; et nous
leur refusons nos hommages , ne pouvant pas leur ôter ce qui leur attire ceux
de tout le monde.

LVI.

Pour s'établir dans le monde, on fait
tout ce qu'on peut pour y paroître établi.

LVII.

Quoique les hommes se flattent de leurs grandes actions , elles ne sont pas souvent les effets d'un grand dessein , mais les effets du hasard.

LVIII.

Il semble que nos actions aient des étoiles heureuses ou malheureuses , à qui elles doivent une grande partie de la louange et du blâme qu'on leur donne.

LIX.

Il n'y a point d'accidens si malheureux dont les habiles gens ne tirent quelqu'avantage , ni de si heureux que les imprudens ne puissent tourner à leur préjudice.

LX.

La fortune tourne tout à l'avantage de ceux qu'elle favorise.

LXI.

Le bonheur et le malheur des hommes ne dépend pas moins de leur humeur que de la fortune.

LXII.

La sincérité est une ouverture de cœur. On la trouve en fort peu de gens ; et celle que l'on voit d'ordinaire n'est qu'une fine dissimulation pour attirer la confiance des autres.

LXIII.

L'aversion du mensonge est souvent une imperceptible ambition de rendre nos témoignages considérables, et d'attirer à nos paroles un respect de religion.

LXIV.

La vérité ne fait pas autant de bien

4

dans le monde que ses apparences y font de mal.

LXV.

Il n'y a point d'éloges qu'on ne donne à la prudence ; cependant, quelque grande qu'elle soit, elle ne sauroit nous assurer du moindre événement, parce qu'elle s'exerce sur l'homme, qui est le sujet du monde le plus changeant.

LXVI.

Un habile homme doit régler le rang de ses intérêts, et les conduire chacun dans son ordre. Notre avidité le trouble souvent, en nous faisant courir à tant de choses à-la-fois, que, pour désirer trop les moins importantes, on manque les plus considérables.

LXVII.

La bonne grâce est au corps ce que le bon sens est à l'esprit.

LXVIII.

Il est difficile de définir l'amour : ce qu'on en peut dire est que, dans l'ame, c'est une passion de régner. Dans les esprits, c'est une sympathie ; et dans le corps, ce n'est qu'une envie cachée et délicate de posséder ce que l'on aime, après beaucoup de mystères.

LXIX.

S'il y a un amour pur et exempt du mélange de nos autres passions, c'est celui qui est caché au fond du cœur, et que nous ignorons nous-mêmes.

LXX.

Il n'y a point de déguisement qui

4*

puisse long-temps cacher l'amour où il est ; ni le feindre où il n'est pas.

LXXI.

Comme on n'est jamais en liberté d'aimer ou de cesser d'aimer , l'amant ne peut pas se plaindre avec justice de l'inconstance de sa maîtresse , ni elle de la légèreté de son amant.

LXXII.

Si on juge de l'amour par la plupart de ses effets , il ressemble plus à la haine qu'à l'amitié.

LXXIII.

On peut trouver des femmes qui n'ont jamais eu de galanterie ; mais il est rare d'en trouver qui n'en aient jamais eu qu'une.

LXXIV.

Il n'y a que d'une sorte d'amour ;
mais il y en a mille différentes copies.

LXXV.

L'amour, aussi bien que le feu, ne
peut subsister sans un mouvement continuel, et il cesse de vivre dès qu'il
cesse d'espérer ou de craindre.

LXXVI.

Il en est du véritable amour comme
de l'apparition des esprits : tout le
monde en parle, mais peu de gens en
ont vu.

LXXVII.

L'amour prête son nom à un nombre
infini de commerces qu'on lui attribue,
et où il n'a non plus de part que le
Doge à ce qui se fait à Venise.

LXXVIII.

L'amour de la justice n'est, en la plupart des hommes, que la crainte de souffrir l'injustice.

LXXIX.

Le silence est le parti le plus sûr pour celui qui se défie de soi-même.

LXXX.

Ce qui nous rend si changeans dans nos amitiés, c'est qu'il est difficile de connoître les qualités de l'ame, et facile de connoître celles de l'esprit.

LXXXI.

L'amitié la plus désintéressée n'est qu'un commerce où notre amour-propre se propose toujours quelque chose à gagner (*).

_____

(*) *Cette pensée a été copiée sur les premières*

LXXXII.

La réconciliation avec nos ennemis n'est qu'un désir de rendre notre condition meilleure, une lassitude de la guerre, et une crainte de quelque mauvais événement.

LXXXIII.

Quand nous sommes las d'aimer nous sommes bien aises qu'on nous devienne

---

éditions, corrigées de la main de M. le Duc de la Rochefoucauld; mais comme elle se trouve changée et étendue dans une édition postérieure, faite du vivant de l'Auteur, on a cru devoir la rétablir ici sous cette nouvelle forme.

Ce que les hommes ont nommé amitié n'est qu'une société, un ménagement réciproque d'intérêts, un échange de bons offices; ce n'est enfin qu'un commerce où l'amour-propre se propose toujours quelque chose à gagner.

infidèle, pour nous dégager de notre
fidélité.

LXXXIV.

Il est plus honteux de se défier de
ses amis que d'en être trompé.

LXXXV.

Nous nous persuadons souvent d'aimer les gens plus puissans que nous,
et néanmoins c'est l'intérêt seul qui
produit notre amitié; nous ne nous
donnons pas à eux pour le bien que
nous leur voulons faire, mais pour celui que nous en voulons recevoir.

LXXXVI.

Notre défiance justifie la tromperie
d'autrui.

LXXXVII.

Comment prétendons - nous qu'un

autre garde notre secret si nous ne pouvons le garder nous-mêmes ?

LXXXVIII.

L'amour-propre nous augmente ou nous diminue les bonnes qualités de nos amis, à proportion de la satisfaction que nous avons d'eux, et nous jugeons de leur mérite par la manière dont ils vivent avec nous.

LXXXIX.

Tout le monde se plaint de sa mémoire, et personne ne se plaint de son jugement.

XC.

Il n'y en a point qui pressent tant les autres que les paresseux : lorsqu'ils ont satisfait à leur paresse ils veulent paroître diligens.

XCI.

La plus grande ambition n'en a pas la moindre apparence lorsqu'elle se rencontre dans une impossibilité absolue d'arriver où elle aspire.

XCII.

Détromper un homme préoccupé de son mérite, c'est lui rendre un aussi mauvais office que celui que l'on rendit à ce fou d'Athènes qui croyoit que tous les vaisseaux qui arrivoient dans le port étoient à lui.

XCIII.

Les vieillards aiment à donner de bons préceptes, pour se consoler de n'être plus en état de donner de mauvais exemples.

XCIV.

Les grands noms abaissent, au lieu d'élever, ceux qui ne les savent pas soutenir.

XCV.

La marque d'un mérite extraordinaire est de voir que ceux qui l'envient le plus sont contraints de le louer.

XCVI.

C'est une preuve de peu d'amitié de ne pas s'apercevoir du refroidissement de celle de nos amis.

XCVII.

On s'est trompé lorsqu'on a cru que l'esprit et le jugement étoient deux choses différentes : le jugement n'est que la grandeur de la lumière de l'esprit. Cette lumière pénètre le fond des choses , elle y remarque tout ce qu'il faut remarquer , et aperçoit celles qui semblent imperceptibles. Ainsi il faut demeurer d'accord que c'est l'étendue de la lumière de l'esprit qui produit tous les effets qu'on attribue au jugement.

XCVIII.

Chacun dit du bien de son cœur , et personne n'en ose dire de son esprit.

XCIX.

La politesse de l'esprit consiste à penser les choses honnêtes et délicates.

C.

La galanterie de l'esprit est de dire des choses flatteuses d'une manière agréable.

CI.

Il arrive souvent que des choses se

présentent plus achevées à notre esprit qu'il ne les pourroit faire avec beaucoup d'art.

CII.

L'esprit est toujours la dupe du cœur.

CIII.

Tous ceux qui connoissent leur esprit ne connoissent pas leur cœur (*).

CIV.

Les hommes et les affaires ont leur point de perspective. Il y en a qu'il faut voir de près pour en bien juger, et d'autres dont on ne juge jamais si bien que quand on en est éloigné.

(*) Ce qui fait tant crier contre les maximes qui découvrent le cœur de l'homme, est que l'on craint d'y être découvert.

Manusc. fol. 310. *(Inédit.)*

CV.

Celui-là n'est pas raisonnable à qui le hasard fait trouver la raison ; mais celui qui la connoît, qui la discerne, et qui la goûte.

CVI.

Pour bien savoir les choses il en faut savoir le détail ; et comme il est presque infini, nos connoissances sont toujours superficielles et imparfaites.

CVII.

C'est une espèce de coquetterie de faire remarquer qu'on n'en fait jamais.

CVIII.

L'esprit ne sauroit jouer long-temps le personnage du cœur.

CIX.

La jeunesse change ses goûts par l'ar-

deur du sang , et la vieillesse conserve
les siens par l'accoutumance.

CX.

On ne donne rien si libéralement
que ses conseils.

CXI.

Plus on aime une maîtresse , et plus
on est près de la haïr.

CXII.

Les défauts de l'esprit augmentent
en vieillissant, comme ceux du visage.

CXIII.

Il y a de bons mariages ; mais il n'y
en a point de délicieux.

CXIV.

On ne se peut consoler d'être trompé
par ses ennemis et trahi par ses amis ,

et l'on est souvent satisfait de l'être par soi-même.

CXV.

Il est aussi facile de se tromper soi-même sans s'en apercevoir, qu'il est difficile de tromper les autres sans qu'ils s'en aperçoivent.

CXVI.

Rien n'est moins sincère que la manière de demander et de donner des conseils. Celui qui en demande paroît avoir une déférence respectueuse pour les sentimens de son ami, bien qu'il ne pense qu'à lui faire approuver les siens, et à le rendre garant de sa conduite ; et celui qui conseille paie la confiance qu'on lui témoigne d'un zèle ardent et désintéressé, quoiqu'il ne cherche le plus souvent, dans les conseils qu'il donne, que son propre intérêt ou sa gloire.

CXVII.

La plus subtile de toutes les finesses est de bien savoir feindre de tomber dans les piéges qu'on nous tend, et l'on n'est jamais si aisément trompé que quand on songe à tromper les autres.

CXVIII.

L'intention de ne jamais tromper nous expose à être souvent trompés.

CXIX.

Nous sommes si accoutumés à nous déguiser aux autres, qu'à la fin nous nous déguisons à nous-mêmes.

CXX.

On fait plus souvent des trahisons par

foiblesse que par un dessein formé de trahir.

CXXI.

On fait souvent du bien pour pouvoir impunément faire du mal.

CXXII.

Si nous résistons à nos passions, c'est plus par leur foiblesse que par notre force.

CXXIII.

On n'auroit guères de plaisir si l'on ne se flattoit jamais.

CXXIV.

Les plus habiles affectent toute leur vie de blâmer les finesses, pour s'en servir en quelque grande occasion et pour quelque grand intérêt.

CXXV.

L'usage ordinaire de la finesse est la marque d'un petit esprit, et il arrive presque toujours que celui qui s'en sert pour se couvrir en un endroit, se découvre en un autre.

CXXVI.

Les finesses et les trahisons ne viennent que de manque d'habileté.

CXXVII.

Le vrai moyen d'être trompé, c'est de se croire plus fin que les autres.

CXXVIII.

La trop grande subtilité est une fausse délicatesse ; et la véritable délicatesse est une solide subtilité.

CXXIX.

Il suffit quelquefois d'être grossier

5 *

pour n'être pas trompé par un habile homme.

CXXX.

La foiblesse est le seul défaut qu'on ne sauroit corriger.

CXXXI.

Le moindre défaut des femmes qui se sont abandonnées à faire l'amour, c'est de faire l'amour.

CXXXII.

Il est plus aisé d'être sage pour les autres, que de l'être pour soi-même.

CXXXIII.

Les seules bonnes copies sont celles qui nous font voir le ridicule des méchans originaux.

CXXXIV.

On n'est jamais si ridicule par les

qualités que l'on a, que par celles que l'on affecte d'avoir.

CXXXV.

On est quelquefois aussi différent de soi-même que des autres.

CXXXVI.

Il y a des gens qui n'auroient jamais été amoureux, s'ils n'avoient jamais entendu parler de l'amour.

CXXXVII.

On parle peu quand la vanité ne fait pas parler.

CXXXVIII.

On aime mieux dire du mal de soi-même que de n'en point parler.

CXXXIX.

Une des choses qui fait que l'on

trouve si peu de gens qui paroissent
raisonnables et agréables dans la conversation, c'est qu'il n'y a presque personne qui ne pense plutôt à ce qu'il
veut dire, qu'à répondre précisément
à ce qu'on lui dit. Les plus habiles et
les plus complaisans se contentent de
montrer seulement une mine attentive,
en même temps que l'on voit dans leurs
yeux et dans leur esprit un égarement
pour ce que l'on dit, et une précipita-
tion pour retourner à ce qu'ils veulent
dire; au lieu de considérer que c'est un
mauvais moyen de plaire aux autres, ou
de les persuader, que de chercher si
fort à se plaire à soi-même, et que bien
écouter et bien répondre est une des
plus grandes perfections qu'on puisse
avoir dans la conversation.

CXL.

Un homme d'esprit seroit souvent bien embarrassé sans la compagnie des sots.

CXLI.

Nous nous vantons souvent de ne nous point ennuyer ; nous sommes si glorieux que nous ne voulons pas nous trouver de mauvaise compagnie.

CXLII.

Comme c'est le caractère des grands esprits de faire entendre en peu de paroles beaucoup de choses, les petits esprits, au contraire, ont le don de beaucoup parler et de ne rien dire.

CXLIII.

C'est plutôt par l'estime de nos propres sentimens que nous exagérons les

bonnes qualités des autres, que par l'estime de leur mérite ; et nous voulons
nous attirer des louanges lorsqu'il semble que nous leur en donnons.

CXLIV.

On n'aime point à louer, et on ne
loue jamais personne sans intérêt. La
louange est une flatterie habile, cachée, et délicate, qui satisfait différemment celui qui la donne et celui qui la
reçoit : l'un la prend comme une récompense de son mérite ; l'autre la
donne pour faire remarquer son équité
et son discernement.

CXLV.

Nous choisissons souvent des louanges empoisonnées, qui font voir par
contre-coup en ceux que nous louons

des défauts que nous n'osons découvrir d'une autre sorte.

CXLVI.

On ne loue d'ordinaire que pour être loué.

CXLVII.

Peu de gens sont assez sages pour préférer le blâme qui leur est utile à la louange qui les trahit.

CXLVIII.

Il y a des reproches qui louent, et des louanges qui médisent.

CXLIX.

Le refus de la louange est un désir d'être loué deux fois.

CL.

Le désir de mériter les louanges

qu'on nous donne fortifie notre vertu ; et celles qu'on donne à l'esprit, à la valeur, et à la beauté, contribuent à les augmenter.

CLI.

Il est plus difficile de s'empêcher d'être gouverné que de gouverner les autres.

CLII.

Si nous ne nous flattions point nous-mêmes, la flatterie des autres ne nous pourroit nuire.

CLIII.

La nature fait le mérite, et la fortune le met en œûvre.

CLIV.

La fortune nous corrige de plusieurs défauts que la raison ne sauroit corriger.

CLV.

Il y·a des gens dégoûtans avec du mérite, et d'autres qui plaisent avec des défauts.

CLVI.

Il y a des gens dont tout le mérite consiste à dire et à faire des sottises utilement, et qui gâteroient tout s'ils changeoient de conduite.

CLVII.

La gloire des hommes se doit toujours mesurer aux moyens dont ils se sont servis pour l'acquérir.

CLVIII.

Les Rois font des hommes comme des pièces de monnoie : ils les font valoir ce qu'ils veulent ; et l'on est forcé de les recevoir selon leur cours, et non pas selon leur véritable prix.

CLIX.

Ce n'est pas assez d'avoir de grandes qualités, il en faut avoir l'économie.

CLX.

Quelque éclatante que soit une action, elle ne doit passer pour grande lorsqu'elle n'est pas l'effet d'un grand dessein.

CLXI.

Il doit y avoir une certaine proportion entre les actions et les desseins, si on en veut tirer tous les effets qu'elles peuvent produire.

CLXII.

L'art de savoir bien mettre en œuvre de médiocres qualités dérobe l'estime,

et donne souvent plus de réputation
que le véritable mérite.

CLXIII.

Il y a une infinité de conduites qui
paroissent ridicules, et dont les raisons
cachées sont très-sages et très-solides.

CLXIV.

Il est plus facile de paroître digne
des emplois qu'on n'a pas que de ceux
qu'on exerce.

CLXV.

Notre mérite nous attire l'estime des
honnêtes gens, et notre étoile celle du
public.

CLXVI.

Le monde récompense plus souvent
les apparences du mérite que le mérite
même.

CLXVII.

L'avarice est plus opposée à l'économie que la libéralité.

CLXVIII.

L'espérance, toute trompeuse qu'elle est, sert au moins à nous mener à la fin de la vie par un chemin agréable (*).

CLXIX.

Pendant que la paresse et la timidité nous retiennent dans notre devoir, notre vertu en a souvent tout l'honneur.

CLXX.

Il est difficile de démêler si un pro-

_____

(*) L'espérance et la crainte sont inséparables.

Lettre à madame de SABLÉ, *manusc. fol.* 222. *(Inédit.)*

cédé net, sincère et honnête, est un effet de probité ou d'habileté.

CLXXI.

Les vertus se perdent dans l'intérêt, comme les fleuves se perdent dans la mer.

CLXXII.

Si on examine bien les divers effets de l'ennui, on trouvera qu'il fait manquer à plus de devoirs que l'intérêt.

CLXXIII.

Il y a diverses sortes de curiosités : l'une d'intérêt, qui nous porte à désirer d'apprendre ce qui nous peut être utile ; et l'autre d'orgueil, qui vient du désir de savoir ce que les autres ignorent.

CLXXIV.

Il vaut mieux employer notre esprit

à supporter les infortunes qui nous arrivent, qu'à prévoir celles qui nous
peuvent arriver.

CLXXV.

La constance en amour est une inconstance perpétuelle, qui fait que notre cœur s'attache successivement à toutes les qualités de la personne que nous
aimons, donnant tantôt la préférence
à l'une, tantôt à l'autre : de sorte que
cette constance n'est qu'une inconstance arrêtée et renfermée dans un même
sujet.

CLXXVI.

Il y a deux sortes de constances en
amour : l'une vient de ce que l'on trouve sans cesse dans la personne que l'on
aime de nouveaux sujets d'aimer ; et

l'autre vient de ce qu'on se fait un honneur d'être constant.

CLXXVII.

Il n'y a guères de gens qui ne soient honteux de s'être aimés quand ils ne s'aiment plus.

CLXXVIII.

Nous ne pouvons rien aimer que par rapport à nous, et nous ne faisons que suivre notre goût et notre plaisir quand nous préférons nos amis à nous-mêmes; c'est néanmoins par cette préférence seule que l'amitié peut être vraie et parfaite.

CLXXIX.

Le premier mouvement de joie que nous avons du bonheur de nos amis, ne vient pas toujours de la bonté de notre naturel, ni de l'amitié que nous avons

pour eux ; c'est le plus souvent un
effet de l'amour-propre, qui nous flatte
de l'espérance d'être heureux à notre
tour, ou de retirer quelqu'utilité de
leur bonne fortune.

CLXXX.

Les hommes ne vivroient pas long-
temps en société s'ils n'étoient les du-
pes les uns des autres.

CLXXXI.

La persévérance n'est digne ni de
blâme ni de louange, parce qu'elle
n'est que la durée des goûts et des sentimens, qu'on ne s'ôte et qu'on ne se
donne point.

CLXXXII.

Ce qui nous fait aimer les nouvelles
connoissances n'est pas tant la lassi-

tude que nous avons des vieilles, ou le plaisir de changer, que le dégoût de n'être pas assez admiré de ceux qui nous connoissent trop, et l'espérance de l'être davantage de ceux qui ne nous connoissent pas tant.

CLXXXIII.

Nous nous plaignons quelquefois légèrement de nos amis, pour justifier par avance notre légèreté.

CLXXXIV.

Notre repentir n'est pas tant un regret du mal que nous avons fait, qu'une crainte de celui qui nous en peut arriver.

CLXXXV.

Il y a une inconstance qui vient de la légèreté de l'esprit, ou de sa foiblesse, qui lui fait recevoir toutes les

6 *

opinions d'autrui; il y en a une autre, qui est plus excusable, qui vient du dégoût des choses.

CLXXXVI.

Les vices entrent dans la composition des vertus, comme les poisons entrent dans la composition des remèdes. La prudence les assemble et les tempère, et elle s'en sert utilement contre les maux de la vie.

CLXXXVII.

Il faut demeurer d'accord, à l'honneur de la vertu, que les plus grands malheurs des hommes sont ceux où ils tombent par leurs crimes.

CLXXXVIII.

Il y a des crimes qui deviennent innocens et même glorieux par leur

éclat, leur nombre, et leur excès. De
là vient que les voleries publiques sont
des habiletés, et que prendre des pro-
vinces injustement s'appelle faire des
conquêtes.

CLXXXIX.

Nous avouons nos défauts pour ré-
parer par notre sincérité le tort qu'ils
nous font dans l'esprit des autres.

CXC.

Il y a des héros en mal comme en
bien.

CXCI.

On ne méprise pas tous ceux qui ont
des vices, mais on méprise tous ceux
qui n'ont aucune vertu.

CXCII.

Le nom de la vertu sert à l'intérêt
aussi utilement que les vices.

CXCIII.

La santé de l'ame n'est pas plus as-
surée que celle du corps ; et quoique
l'on paroisse éloigné des passions, on
n'est pas moins en danger de s'y laisser emporter que de tomber malade
quand on se porte bien.

CXCIV.

Il semble que la nature ait prescrit
à chaque homme dès sa naissance des
bornes pour les vertus et pour les vices.

CXCV.

Il n'appartient qu'aux grands hommes d'avoir de grands défauts.

CXCVI.

On peut dire que les vices nous at-
tendent dans le cours de la vie comme

des hôtes chez qui il faut successivement loger ; et je doute que l'expérience nous les fît éviter s'il nous étoit permis de faire deux fois le même chemin.

CXCVII.

Quand les vices nous quittent, nous nous flattons de la créance que c'est nous qui les quittons.

CXCVIII.

Il y a des rechutes dans les maladies de l'ame comme dans celles du corps. Ce que nous prenons pour notre guérison n'est le plus souvent qu'un relâche ou un changement de mal.

CXCIX.

Les défauts de l'ame sont comme les blessures du corps ; quelque soin qu'on prenne de les guérir, la cicatrice paroît toujours ; et elles sont à tout moment en danger de se rouvrir.

CC.

Ce qui nous empêche souvent de nous abandonner à un seul vice est que nous en avons plusieurs.

CCI.

Nous oublions aisément nos fautes lorsqu'elles ne sont sues que de nous.

CCII.

Il y a des gens de qui l'on peut ne jamais croire du mal sans l'avoir vu ; mais il n'y en a point de qui il nous doive surprendre en le voyant.

CCIII.

Nous élevons la gloire des uns pour

abaisser celle des autres ; et quelquefois on loueroit moins M. le Prince et
M. de Turenne, si on ne les vouloit
point blâmer tous deux.

CCIV.

Le désir de paroître habile empêche
souvent de le devenir.

CCV.

La vertu n'iroit pas si loin si la vanité ne lui tenoit compagnie.

CCVI.

Celui qui croit pouvoir trouver en
soi-même de quoi se passer de tout le
monde se trompe fort ; mais celui qui
croit qu'on ne peut se passer de lui se
trompe encore davantage.

CCVII.

Les faux honnêtes gens sont ceux qui

déguisent leurs défauts aux autres et à eux-mêmes. Les vrais honnêtes gens sont ceux qui les connoissent parfaitement et les confessent.

CCVIII.

Le vrai honnête homme est celui qui ne se pique de rien.

CCIX.

La sévérité des femmes est un ajustement et un fard qu'elles ajoutent à leur beauté.

CCX.

L'honnêteté des femmes est souvent l'amour de leur réputation et de leur repos.

CCXI.

C'est être véritablement honnête homme que de vouloir être toujours exposé à la vue des honnêtes gens.

CCXII.

La folie nous suit dans tous les temps de la vie. Si quelqu'un paroît sage, c'est seulement parce que ses folies sont proportionnées à son âge et à sa fortune.

CCXIII.

Il y a des gens niais qui se connoissent et qui emploient habilement leur niaiserie.

CCXIV.

Qui vit sans folie n'est pas si sage qu'il le croit.

CCXV.

En vieillissant on devient plus fou et plus sage.

CCXVI.

Il y a des gens qui ressemblent aux vaudevilles, qu'on ne chante qu'un certain temps.

CCXVII.

La plupart des gens ne jugent des hommes que par la vogue qu'ils ont, ou par leur fortune.

CCXVIII.

L'amour de la gloire, la crainte de la honte, le dessein de faire fortune, le désir de rendre notre vie commode et agréable, et l'envie d'abaisser les autres, sont souvent les causes de cette valeur si célèbre parmi les hommes.

CCXIX.

La valeur est dans les simples soldats un métier périlleux qu'ils ont pris pour gagner leur vie.

CCXX.

La parfaite valeur et la poltronnerie complète sont deux extrémités où l'on

arrive rarement. L'espace qui est entre
deux est vaste , et contient toutes les
autres espèces de courage. Il n'y a pas
moins de différence entr'elles qu'entre
les visages et les humeurs. Il y a des
hommes qui s'exposent volontiers au
commencement d'une action , et qui se
relâchent et se rebutent aisément par
sa durée. Il y en a qui sont contens
quand ils ont satisfait à l'honneur du
monde et qui font fort peu de chose
au-delà. On en voit qui ne sont pas toujours également maîtres de leur peur ;
d'autres se laissent quelquefois entraî-
ner à des terreurs générales ; d'autres
vont à la charge parce qu'ils n'osent
demeurer dans leurs postes. Il s'en trouve en qui l'habitude des moindres périls affermit le courage, et les prépare à

s'exposer à de plus grands. Il y en a qui sont braves l'épée à la main, et qui craignent les coups de mousquet ; d'autres sont assurés aux coups de mousquet, et appréhendent de se battre à l'épée. Tous ces courages de différentes espèces conviennent, en ce que la nuit augmentant la crainte et cachant les bonnes et les mauvaises actions, elle donne la liberté de se ménager. Il y a encore un autre ménagement plus général ; car on ne voit point d'homme qui fasse tout ce qu'il seroit capable de faire dans une occasion s'il étoit assuré d'en revenir ; de sorte qu'il est visible que la crainte de la mort diminue quelque chose de la valeur.

CCXXI.

La parfaite valeur est de faire sans

témoins ce qu'on seroit capable de faire
devant tout le monde.

CCXXII.

L'intrépidité est une force extraordinaire de l'ame, qui l'élève au-dessus
des troubles, des désordres, et des émo-
tions que la vue des grands périls pourroient exciter en elle : c'est par cette
force que les héros se maintiennent en
un état paisible, et conservent l'usage
libre de leur raison dans les accidens
les plus surprenans et les plus terribles.

CCXXIII.

L'hypocrisie est un hommage que
le vice rend à la vertu.

CCXXIV.

La plupart des hommes s'exposent
assez dans la guerre pour sauver leur

honneur ; mais peu se veulent toujours exposer autant qu'il est nécessaire pour faire réussir le dessein pour lequel ils s'exposent (*).

(*) Il est assez ordinaire de hasarder sa vie pour s'empêcher d'être déshonoré, mais quand cela est fait, on en est assez content pour ne se mettre pas d'ordinaire fort en peine du succès de l'entreprise que l'on veut faire réussir, et il est certain que ceux qui s'exposent et font autant qu'il est nécessaire pour prendre une place que l'on attaque ou pour conquérir une province, ont plus de mérite, sont meilleurs officiers, et ont de plus grandes et plus utiles vues que ceux qui s'exposent seulement pour mettre leur honneur à couvert ; il est fort commun de trouver des gens de la dernière espèce et fort rare d'en trouver de l'autre.

Lettre à M. Esprit, manusc. fol. 173. *(Inéd.)*

CCXXV.

La vanité, la honte, et sur-tout le tempérament, font souvent la valeur des hommes et la vertu des femmes.

CCXXVI.

On ne veut point perdre la vie, et on veut acquérir de la gloire : ce qui fait que les braves ont plus d'adresse et d'esprit pour éviter la mort, que les gens de chicane n'en ont pour conserver leur bien.

CCXXVII.

Il n'y a guères de personnes qui dans le premier penchant de l'âge ne fassent connoître par où leur corps et leur esprit doivent défaillir.

CCXXVIII.

Nous plaisons plus souvent, dans le

7

commerce de la vie, par nos défauts
que par nos bonnes qualités.

CCXXIX.

Tel homme est ingrat, qui est moins
coupable de son ingratitude que celui
qui lui a fait du bien.

CCXXX.

Il en est de la reconnoissance comme
de la bonne foi des marchands, elle
entretient le commerce ; et souvent
nous ne payons pas parce qu'il est juste de nous acquitter, mais pour trouver plus facilement des gens qui nous
prêtent.

CCXXXI.

Tous ceux qui s'acquittent des devoirs de la reconnoissance ne peuvent

pas pour cela se flatter d'être recon-
noissans.

CCXXXII.

Ce qui fait le mécompte dans la reconnoissance qu'on attend des grâces
que l'on a faites, c'est que l'orgueil
de celui qui donne et l'orgueil de celui
qui reçoit ne peuvent convenir du prix
du bienfait.

CCXXXIII.

Le trop grand empressement qu'on a
de s'acquitter d'une obligation est une
espèce d'ingratitude.

CCXXXIV.

On donne plus aisément des bornes
à sa reconnoissance qu'à ses espérances
et qu'à ses désirs.

CCXXXV.

L'orgueil ne veut pas devoir, et l'amour-propre ne veut pas payer.

CCXXXVI.

Le bien que nous avons reçu de quelqu'un veut que nous respections le mal qu'il nous fait.

CCXXXVII.

Rien n'est si contagieux que l'exemple, et nous ne faisons jamais de grands biens ni de grands maux qui n'en produisent de semblables. Nous imitons les bonnes actions par émulation, et les mauvaises par la malignité de notre nature, que la honte retenoit prisonnière, et que l'exemple met en liberté.

CCXXXVIII.

C'est une grande folie de vouloir être sage tout seul.

CCXXXIX.

Quelque prétexte que nous donnions à nos afflictions, ce n'est souvent que l'intérêt et la vanité qui les causent.

CCXL.

Il y a dans les afflictions diverses sortes d'hypocrisie. Dans l'une, sous prétexte de pleurer la perte d'une personne qui nous est chère, nous nous pleurons nous-mêmes ; nous pleurons la diminution de notre bien, de notre plaisir, de notre considération ; nous regrettons la bonne opinion qu'on avoit de nous. Ainsi les morts ont l'honneur des larmes qui ne coulent que pour les vivans. Je dis que c'est une espèce d'hypocrisie, parce que dans ces sortes d'afflictions on se trompe soi-même. Il y a une autre hypocrisie qui n'est

pas si innocente, parce qu'elle impose
à tout le monde ; c'est l'affliction de
certaines personnes qui aspirent à la
gloire d'une belle et immortelle dou-
léur. Après que le temps, qui consume tout, a fait cesser celle qu'elles
avoient en effet, elles ne laissent pas
d'opiniâtrer leurs pleurs, leurs plain-
tes, et leurs soupirs ; elles prennent
un personnage lugubre, et travaillent
à persuader par toutes leurs actions que
leur déplaisir ne finira qu'avec leur
vie. Cette triste et fatigante vanité se
trouve d'ordinaire dans les femmes am-
bitieuses. Comme leur sexe leur ferme
tous les chemins qui mènent à la
gloire, elles s'efforcent de se rendre
célèbres par la montre d'une inconso-
lable affliction. Il y a encore une autre espèce de larmes qui n'ont que de

petites sources, qui coulent et se taris-
sent facilement : on pleure pour avoir
la réputation d'être tendre ; on pleure
pour être plaint ; on pleure pour être
pleuré ; enfin on pleure pour éviter la
honte de ne pleurer pas.

CCXLI.

Dans l'adversité de nos meilleurs
amis, nous trouvons souvent quelque
chose qui ne nous déplaît pas.

CCXLII.

Nous nous consolons aisément des
disgraces de nos amis lorsqu'elles servent à signaler notre tendresse pour eux.

CCXLIII.

Il semble que l'amour-propre soit
la dupe de la bonté, et qu'il s'oublie
lui-même lorsque nous travaillons pour

l'avantage des autres. Cependant c'est prendre le chemin le plus assuré pour arriver à ses fins ; c'est prêter à usure sous prétexte de donner ; c'est enfin s'acquérir tout le monde par un moyen subtil et délicat.

CCXLIV.

Nul ne mérite d'être loué de sa bonté s'il n'a pas la force d'être méchant ; toute autre bonté n'est le plus souvent que paresse ou impuissance de la volonté.

CCXLV.

Il n'est pas si dangereux de faire du mal à la plupart des hommes, que de leur faire trop de bien.

CCXLVI.

Rien ne flatte plus notre orgueil que la confiance des grands, parce que nous

la regardons comme un effet de notre
mérite, sans considérer qu'elle ne vient
le plus souvent que de vanité ou d'impuissance de garder le secret.

CCXLVII.

On peut dire de l'agrément séparé
de la beauté, que c'est une symétrie
dont on ne sait point les règles, et un
rapport secret des traits ensemble, et
des traits avec les couleurs et l'air de
la personne.

CCXLVIII.

La coquetterie est le fond et l'humeur des femmes; mais toutes ne la
mettent pas en pratique, parce que la
coquetterie de quelques-unes est rete-
nue par la crainte ou par la raison.

CCXLIX.

On incommode souvent les autres,

quand on croit ne les pouvoir jamais incommoder.

CCL.

Il s'en faut bien que nous connoissions toutes nos volontés.

CCLI.

Rien n'est impossible : il y a des voies qui conduisent à toutes choses ; et si nous avions assez de volonté, nous aurions toujours assez de moyens.

CCLII.

La souveraine habileté consiste à bien connoître le prix des choses.

CCLIII.

C'est une grande habileté que de savoir cacher son habileté.

CCLIV.

Ce qui paroît générosité n'est souvent qu'une ambition déguisée qui méprise de petits intérêts pour aller à de plus grands.

CCLV.

La fidélité qui paroît en la plupart des hommes n'est qu'une invention de l'amour-propre pour attirer la confiance : c'est un moyen de nous élever au-dessus des autres, et de nous rendre dépositaires des choses les plus importantes.

CCLVI.

La magnanimité méprise tout pour avoir tout.

CCLVII.

Il n'y a pas moins d'éloquence dans le ton de la voix, dans les yeux, et dans l'air de la personne qui parle, que dans le choix des paroles.

CCLVIII.

La véritable éloquence consiste à dire tout ce qu'il faut, et à ne dire que ce qu'il faut.

CCLIX.

Il y a des personnes à qui les défauts siéent bien, et d'autres qui sont disgraciées par leurs bonnes qualités.

CCLX.

Il est aussi ordinaire de voir changer les goûts qu'il est extraordinaire de voir changer les inclinations (*).

(*) *Variante.* — Le goût change, mais l'inclination ne change point.

Lettre à madame de SABLÉ, *manusc. fol.* 223. *(Inédit.)*

CCLXI.

L'intérêt met en œuvre toutes sortes de vertus et de vices.

CCLXII.

L'humilité n'est souvent qu'une feinte soumission dont on se sert pour soumettre les autres : c'est un artifice de l'orgueil qui s'abaisse pour s'élever ; et, bien qu'il se transforme en mille manières, il n'est jamais mieux déguisé et plus capable de tromper que lorsqu'il se cache sous la figure de l'humilité.

CCLXIII.

Tous les sentimens ont chacun un ton de voix, des gestes, et des mines qui leur sont propres ; et ce rapport, bon ou mauvais, agréable ou désagréable, est ce qui fait que les personnes plaisent ou déplaisent.

CCLXIV.

Dans toutes les professions chacun affecte une mine et un extérieur pour paroître ce qu'il veut qu'on le croie. Ainsi on peut dire que le monde n'est composé que de mines.

CCLXV.

La gravité est un mystère du corps, inventé pour cacher les défauts de l'esprit.

CCLXVI.

La flatterie est une fausse monnoie qui n'a de cours que par notre vanité.

CCLXVII.

Le plaisir de l'amour est d'aimer ; et l'on est plus heureux par la passion que l'on a que par celle que l'on donne. (*).

_____

(*) Le pouvoir que des personnes que nous

CCLXVIII.

La civilité est un désir d'en recevoir, et d'être estimé poli.

CCLXIX.

L'éducation que l'on donne d'ordinaire aux jeunes gens est un second amour-propre qu'on leur inspire.

CCLXX.

Il n'y a point de passion où l'amour de soi-même règne si puissamment que dans l'amour; et l'on est souvent plus disposé à sacrifier le repos de ce qu'on aime qu'à perdre le sien.

---

aimons ont sur nous, est presque toujours plus grand que celui que nous avons nous-mêmes.

Lettre à madame de SABLÉ, *manusc. fol.* 211. *(Inédit.)*

CCLXXI.

Ce qu'on nomme libéralité n'est le plus souvent que la vanité de donner, que nous aimons mieux que ce que nous donnons.

CCLXXII.

La pitié est souvent un sentiment de nos propres maux dans les maux d'autrui : c'est une habile prévoyance des malheurs où nous pouvons tomber. Nous donnons du secours aux autres pour les engager à nous en donner en de semblables occasions ; et ces services que nous leur rendons sont, à proprement parler, un bien que nous nous faisons à nous-mêmes par avance.

CCLXXIII.

La petitesse de l'esprit fait l'opiniâ-

treté : nous ne croyons pas aisément
ce qui est au-delà de ce que nous
voyons.

CCLXXIV.

C'est se tromper que de croire qu'il
n'y ait que les violentes passions, comme l'ambition et l'amour, qui puissent triompher des autres. La paresse,
toute languissante qu'elle est, ne laisse
pas d'en être souvent la maîtresse ;
elle usurpe sur tous les desseins et sur
toutes les actions de la vie ; elle y dé-
truit et y consume insensiblement les
passions et les vertus.

CCLXXV.

La promptitude à croire le mal sans
l'avoir assez examiné est un effet de
l'orgueil et de la paresse. On veut
trouver des coupables, et l'on ne veut

8

pas se donner la peine d'examiner les crimes.

CCLXXVI.

Nous récusons des Juges pour les plus petits intérêts ; et nous voulons bien que notre réputation et notre gloire dépendent du jugement des hommes, qui nous sont tous contraires, ou par leur jalousie, ou par leur préoccupation, ou par leur peu de lumières ; ce n'est que pour les faire prononcer en notre faveur que nous exposons en tant de manières notre repos et notre vie.

CCLXXVII.

Il n'y a guères d'homme assez habile pour connoître tout le mal qu'il fait.

CCLXXVIII.

L'honneur acquis est caution de celui qu'on doit acquérir.

CCLXXIX.

La jeunesse est une ivresse conti-
nuelle; c'est la fièvre de la raison.

CCLXXX.

On aime à deviner les autres, mais
on n'aime pas à être deviné.

CCLXXXI.

Il y a des gens qu'on approuve dans
le monde, qui n'ont pour tout mérite
que les vices qui servent au commerce
de la vie.

CCLXXXII.

C'est une ennuyeuse maladie que de
conserver sa santé par un trop grand
régime.

CCLXXXIII.

Le bon naturel, qui se vante d'être

8*

si sensible, est souvent étouffé par le moindre intérêt.

CCLXXXIV.

L'absence diminue les médiocres passions, et augmente les grandes, comme le vent éteint les bougies et allume le feu.

CCLXXXV.

Les femmes croient souvent aimer, encore qu'elles n'aiment pas : l'occupation d'une intrigue, l'émotion d'esprit que donne la galanterie, la pente naturelle au plaisir d'être aimées, et la peine de refuser, leur persuadent qu'elles ont de la passion, lorsqu'elles n'ont que de la coquetterie.

CCLXXXVI.

Ce qui fait qu'on est souvent mécontent de ceux qui négocient , c'est qu'ils abandonnent presque toujours l'intérêt de leurs amis pour l'intérêt du succès de la négociation ,. qui devient le leur par l'honneur d'avoir réussi à ce qu'ils avoient entrepris.

CCLXXXVII.

Quand nous exagérons la tendresse que nos amis ont pour nous, c'est souvent moins par reconnoissance que par le désir de faire juger de notre mérite.

CCLXXXVIII.

L'approbation que l'on donne à ceux qui entrent dans le monde vient souvent de l'envie secrète que l'on porte à ceux qui y sont établis.

CCLXXXIX.

L'orgueil qui nous inspire tant

d'envie nous sert souvent aussi à la modérer.

CCXC.

Il y a des faussetés déguisées qui représentent si bien la vérité, que ce seroit mal juger que de ne s'y pas laisser tromper.

CCXCI.

Il n'y a pas quelquefois moins d'habileté à savoir profiter d'un bon conseil qu'à se bien conseiller soi-même.

CCXCII.

Il y a des méchans qui seroient moins dangereux s'ils n'avoient aucune bonté.

CCXCIII.

La magnanimité est assez bien définie par son nom même : néanmoins on pourroit dire que c'est le bon sens

de l'orgueil, et la voie la plus noble
pour recevoir des louanges.

CCXCIV.

Il est impossible d'aimer une seconde fois ce qu'on a véritablement
cessé d'aimer.

CCXCV.

C'est moins la fertilité de l'esprit qui
nous fait trouver plusieurs expédiens
sur une même affaire, que ce n'est le
défaut de lumière qui nous fait arrêter
à tout ce qui se présente à notre imagination, et qui nous empêche de dis-
cerner d'abord ce qui est le meilleur.

CCXCVI.

Il y a des affaires et des maladies
que les remèdes aigrissent en certain
temps, et la grande habileté consiste à

connoître quand il est dangereux d'en
user.

CCXCVII.

La simplicité affectée est une im-
posture délicate.

CCXCVIII.

Il y a plus de défauts dans l'humeur
que dans l'esprit.

CCXCIX.

Le mérite des hommes a sa saison
aussi bien que les fruits.

CCC.

On peut dire de l'humeur des hommes comme de la plupart des bâtimens,
qu'elle a diverses faces ; les unes agréables et les autres désagréables.

CCCI.

La modération ne peut avoir le mérite

de combattre l'ambition et de la soumettre ; elles ne se trouvent jamais ensemble. La modération est la langueur
et la paresse de l'ame, comme l'ambition en est l'activité et l'ardeur.

CCCII.

Nous aimons toujours ceux qui nous
admirent, et nous n'aimons pas toujours ceux que nous admirons.

CCCIII.

Il est difficile d'aimer ceux que nous
n'estimons point ; mais il ne l'est pas
moins d'aimer ceux que nous estimons
beaucoup plus que nous.

CCCIV.

Les humeurs du corps ont un cours
ordinaire et réglé qui meut et tourne

imperceptiblement notre volonté : elles roulent ensemble, et exercent successivement un empire secret en nous ; de sorte qu'elles ont une part considérable à toutes nos actions, sans que nous le puissions connoître.

CCCV.

La reconnoissance, dans la plupart des hommes, n'est qu'une forte et secrète envie de recevoir de plus grands bienfaits.

CCCVI.

Presque tout le monde prend plaisir à s'acquitter des petites obligations ; beaucoup de gens ont de la reconnoissance pour les médiocres ; mais il n'y a presque personne qui n'ait de l'ingratitude pour les grandes.

CCCVII.

Il y a des folies qui se prennent comme les maladies contagieuses.

CCCVIII.

Assez de gens méprisent le bien, mais peu savent le donner.

CCCIX.

Ce n'est d'ordinaire que dans de petits intérêts que nous prenons le hasard de ne pas croire aux apparences.

CCCX.

Quelque bien qu'on nous dise de nous, on ne nous apprend rien de nouveau.

CCCXI.

Nous pardonnons souvent à ceux qui nous ennuient; mais nous ne pouvons pardonner à ceux que nous ennuyons.

CCCXII.

L'intérêt, que l'on accuse de tous nos crimes, mérite souvent d'être loué de nos bonnes actions.

CCCXIII.

On ne trouve guères d'ingrats, tant qu'on est en état de faire du bien.

CCCXIV.

Il est aussi honnête d'être glorieux avec soi-même, qu'il est ridicule de l'être avec les autres.

CCCXV.

On a fait une vertu de la modéra-tion, pour borner l'ambition des grands hommes, et pour consoler les gens mé-diocres de leur peu de fortune et de leur peu de mérite.

CCCXVI.

Il y a des gens destinés à être sots, qui ne font pas seulement des sottises par leur choix, mais que la fortune même contraint d'en faire.

CCCXVII.

Il arrive quelquefois des accidens dans la vie, d'où il faut être un peu fou pour se bien tirer.

CCCXVIII.

S'il y a des hommes dont le ridicule n'ait jamais paru, c'est qu'on ne l'a pas bien cherché.

CCCXIX.

Ce qui fait que les amans et les maîtresses ne s'ennuient point d'être ensemble, c'est qu'ils parlent toujours d'eux-mêmes.

CCCXX.

Pourquoi faut-il que nous ayons assez de mémoire pour retenir jusques aux moindres particularités de ce qui nous est arrivé, et que nous n'en ayons pas assez pour nous souvenir combien de fois nous les avons contées à la même personne ?

CCCXXI.

L'extrême plaisir que nous prenons à parler de nous-mêmes nous doit faire craindre de n'en donner guères à ceux qui nous écoutent.

CCCXXII.

Ce qui nous empêche d'ordinaire de faire voir le fond de notre cœur à nos amis n'est pas tant la défiance que nous avons d'eux que celle que nous avons de nous-mêmes.

CCCXXIII.

Les personnes foibles ne peuvent être
sincères.

CCCXXIV.

Ce n'est pas un grand malheur d'o-
bliger des ingrats ; mais c'en est un
insupportable d'être obligé à un mal-
honnête homme.

CCCXXV.

On trouve des moyens pour guérir
de la folie, mais on n'en trouve point
pour redresser un esprit de travers.

CCCXXVI.

On ne sauroit conserver long-temps
les sentimens qu'on doit avoir pour ses
amis et pour ses bienfaiteurs si on se
laisse la liberté de parler souvent de
leurs défauts.

CCCXXVII.

Louer les Princes des vertus qu'ils n'ont pas , c'est leur dire impunément des injures.

CCCXXVIII.

Nous sommes plus près d'aimer ceux qui nous haïssent que ceux qui nous aiment plus que nous ne voulons.

CCCXXIX.

Il n'y a que ceux qui sont méprisables qui craignent d'être méprisés.

CCCXXX.

Notre sagesse n'est pas moins à la merci de la fortune que nos biens.

CCCXXXI.

Il y a dans la jalousie plus d'amour-propre que d'amour.

CCCXXXII.

Nous nous consolons souvent par foiblesse des maux dont la raison n'a pas la force de nous consoler.

CCCXXXIII.

Le ridicule déshonore plus que le déshonneur.

CCCXXXIV.

Nous n'avouons de petits défauts que pour persuader que nous n'en avons pas de plus grands.

CCCXXXV.

L'envie est plus irréconciliable que la haine.

CCCXXXVI.

On croit quelquefois haïr la flatterie, mais on ne hait que la manière de flatter.

CCCXXXVII.

On pardonne tant que l'on aime.

CCCXXXVIII.

Il est plus difficile d'être fidèle à sa maîtresse quand on est heureux que quand on en est maltraité.

CCCXXXIX.

Les femmes ne connoissent pas toute leur coquetterie.

CCCXL.

Les femmes n'ont point de sévérité complète sans aversion.

CCCXLI.

Les femmes peuvent moins surmonter leur coquetterie que leurs passions.

CCCXLII.

Dans l'amour, la tromperie va presque toujours plus loin que la méfiance.

CCCXLIII.

Il y a une certaine sorte d'amour dont l'excès empêche la jalousie.

CCCXLIV.

Il en est de certaines bonnes qualités comme des sens : ceux qui en sont entièrement privés ne peuvent ni les apercevoir ni les comprendre.

CCCXLV.

Lorsque notre haine est trop vive,

elle nous met au-dessous de ceux que nous haïssons.

CCCXLVI.

Nous ne ressentons nos biens et nos maux qu'à proportion de notre amour-propre.

CCCXLVII.

L'esprit de la plupart des femmes sert plus à fortifier leur folie que leur raison.

CCCXLVIII.

Les passions de la jeunesse ne sont guères plus opposées au salut que la tiédeur des vieilles gens.

CCCXLIX.

L'accent du pays où l'on est né demeure dans l'esprit et dans le cœur comme dans le langage.

CCCL.

Pour être un grand homme il faut savoir profiter de toute sa fortune.

CCCLI.

La plupart des hommes ont, comme les plantes, des propriétés cachées que le hasard fait découvrir.

CCCLII.

Les occasions nous font connoître aux autres, et encore plus à nous-mêmes.

CCCLIII.

Il ne peut y avoir de règle dans l'esprit ni dans le cœur des femmes si le tempérament n'en est d'accord.

CCCLIV.

Nous ne trouvons guères de gens de

bon sens, que ceux qui sont de notre avis.

CCCLV.

Quand on aime, on doute souvent de ce qu'on croit le plus.

CCCLVI.

Le plus grand miracle de l'amour, c'est de guérir de la coquetterie.

CCCLVII.

Ce qui nous donne tant d'aigreur contre ceux qui nous font des finesses, c'est qu'ils croient être plus habiles que nous.

CCCLVIII.

On a bien de la peine à rompre, quand on ne s'aime plus.

CCCLIX.

On s'ennuie presque toujours avec

les gens avec qui il n'est pas permis de
s'ennuyer.

CCCLX.

Un honnête homme peut être amoureux comme un fou, mais non pas comme un sot.

CCCLXI.

Il y a de certains défauts qui, bien
mis en œuvre, brillent plus que la vertu même.

CCCLXII.

On perd quelquefois des personnes
qu'on regrette plus qu'on n'en est affligé, et d'autres dont on est affligé et
qu'on ne regrette guères.

CCCLXIII.

Nous ne louons d'ordinaire de bon
cœur que ceux qui nous admirent.

CCCLXIV.

Les petits esprits sont trop blessés des petites choses ; les grands esprits les voient toutes et n'en sont point blessés.

CCCLXV.

L'humilité est la véritable preuve des vertus chrétiennes : sans elle nous conservons tous nos défauts, et ils sont seulement couverts par l'orgueil, qui les cache aux autres, et souvent à nous-mêmes.

CCCLXVI.

La justice n'est le plus souvent qu'une vive appréhension qu'on ne nous ôte ce qui nous appartient : de là vient cette considération et ce respect pour tous les intérêts du prochain, et cette scrupuleuse application à ne lui faire aucun préjudice. Cette crainte retient l'homme dans les bornes des biens que la naissance ou la fortune lui ont donnés ; et, sans cette crainte, il feroit des courses continuelles sur les autres.

CCCLXVII.

La justice dans les Juges qui sont modérés n'est que l'amour de leur élévation.

CCCLXVIII.

On blâme l'injustice, non par l'aversion que l'on a pour elle, mais pour le préjudice qu'on en reçoit.

CCCLXIX.

La modération dans la bonne fortune n'est d'ordinaire que l'appréhension de la honte qui suit l'emportement, ou la peur de perdre ce qu'on a.

CCCLXX.

La modération est comme la sobriété : on voudroit bien manger davantage, mais on craint de se faire mal.

CCCLXXI.

Chacun trouve à redire en autrui ce qu'on trouve à redire en lui.

CCCLXXII.

C'est une espèce de bonheur que de connoître à quel point on doit être malheureux.

CCCLXXIII.

Les gens heureux ne se corrigent guères ; ils croient toujours avoir raison quand la fortune soutient leur mauvaise conduite.

CCCLXXIV.

La grâce de la nouveauté est à l'a-

mour ce que la fleur est sur les fruits ;
elle y donne un lustre qui s'efface aisément et qui ne revient jamais.

CCCLXXV.

. La plupart des jeunes gens croient
être naturels lorsqu'ils ne sont que mal
polis ou grossiers.

CCCLXXVI.

Les esprits médiocres condamnent
d'ordinaire tout ce qui passe leur portée.

CCCLXXVII.

C'est plus souvent par orgueil que
par défaut de lumières qu'on s'oppose
avec tant d'opiniâtreté aux opinions les
plus suivies : on trouve les premières
places prises dans le bon parti, et l'on
ne veut point des dernières.

CCCLXXVIII.

Le bon goût vient plus du jugement que de l'esprit.

CCCLXXIX.

Rien ne devroit plus humilier les hommes qui ont mérité de grandes louanges, que les soins qu'ils prennent encore de se faire valoir par de petites choses.

CCCLXXX.

Il faudroit pouvoir répondre de sa fortune pour pouvoir répondre de ce qu'on fera à l'avenir.

CCCLXXXI.

Les infidélités devroient éteindre l'amour; et il ne faudroit point être jaloux quand on a sujet de l'être : il n'y a que les personnes qui évitent de donner de

la jalousie qui soient dignes qu'on en
ait pour elles.

CCCLXXXII.

On se décrie beaucoup plus auprès
de nous par les moindres infidélités
qu'on nous fait, que par les plus grandes qu'on fait aux autres.

CCCLXXXIII.

La jalousie naît toujours avec l'a-
mour, mais elle ne meurt pas toujours
avec lui.

CCCLXXXIV.

La plupart des femmes ne pleurent
pas tant la mort de leurs amans pour
les avoir aimés que pour paroître plus
dignes d'être aimées.

CCCLXXXV.

Les violences qu'on nous fait nous

font souvent moins de peine que celles
que nous nous faisons à nous-mêmes.

CCCLXXXVI.

On sait assez qu'il ne faut guères parler de sa femme ; mais on ne sait pas
assez qu'on devroit encore moins parler
de soi.

CCCLXXXVII.

Il y a de bonnes qualités qui dégé-
nèrent en défauts quand elles sont naturelles, et d'autres qui ne sont jamais
parfaites quand elles sont acquises : il
faut, par exemple, que la raison nous
rende ménagers de notre bien et de notre confiance, et il faut au contraire
que la nature nous donne la bonté et
la valeur.

CCCLXXXVIII.

Quelque défiance que nous ayons de

la sincérité de ceux qui nous parlent,
nous croyons toujours qu'ils nous di-
sent plus vrai qu'aux autres.

CCCLXXXIX.

Il y a peu d'honnêtes femmes qui ne
soient lasses de leur métier.

CCCXC.

La plupart des honnêtes femmes sont
des trésors cachés, qui ne sont en sûreté que parce qu'on ne les cherche
pas.

CCCXCI.

Les violences qu'on se fait pour s'empêcher d'aimer sont souvent plus cruelles que les rigueurs de ce qu'on aime.

CCCXCII.

Il n'y a guères de poltrons qui connoissent toujours toute leur peur.

CCCXCIII.

C'est presque toujours la faute de celui qui aime, de ne pas connoître quand on cesse de l'aimer.

CCCXCIV.

On craint toujours de voir ce qu'on aime quand on vient de faire des coquetteries ailleurs.

CCCXCV.

Il y a de certaines larmes qui nous trompent souvent nous-mêmes, après avoir trompé les autres.

CCCXCVI.

Si l'on croit aimer sa maîtresse pour l'amour d'elle, on est bien trompé.

CCCXCVII.

On doit se consoler de ses fautes quand on a la force de les avouer.

CCCXCVIII.

L'envie est détruite par la véritable amitié, et la coquetterie par le véritable amour.

CCCXCIX.

Le plus grand défaut de la pénétration n'est pas de n'aller point jusqu'au but, c'est de le passer.

CD.

On donne des conseils, mais on n'inspire point de conduite.

CDI.

Quand notre mérite baisse, notre goût baisse aussi.

CDII.

La fortune fait paroître nos vertus et nos vices, comme la lumière fait paroître les objets.

CDIII.

La violence qu'on se fait pour demeurer fidèle à ce qu'on aime ne vaut
guères mieux qu'une infidélité.

CDIV.

Nos actions sont comme les bouts-
rimés, que chacun fait rapporter à ce
qui lui plaît.

CDV.

L'envie de parler de nous, et de faire
voir nos défauts du côté que nous voulons bien les montrer, fait une grande
partie de notre sincérité.

CDVI.

On ne devroit s'étonner que de pouvoir encore s'étonner.

CDVII.

On est presque également difficile à

contenter quand on a beaucoup d'amour
et quand on n'en a plus guères.

CDVIII.

Il n'y a point de gens qui aient plus
souvent tort que ceux qui ne peuvent
souffrir d'en avoir.

CDIX.

Un sot n'a pas assez d'étoffe pour être
bon.

CDX.

Si la vanité ne renverse pas entièrement les vertus, du moins elle les é-
branle toutes.

CDXI.

Ce qui nous rend la vanité des autres insupportable, c'est qu'elle blesse
la nôtre.

CDXII.

On renonce plus aisément à son intérêt qu'à son goût.

CDXIII.

La fortune ne paroît jamais si aveugle qu'à ceux à qui elle ne fait pas de bien.

CDXIV.

Il faut gouverner la fortune comme la santé ; en jouir quand elle est bonne, prendre patience quand elle est mauvaise , et ne faire jamais de grands remèdes sans un extrême besoin.

CDXV.

L'air bourgeois se perd quelquefois à l'armée ; mais il ne se perd jamais à la Cour.

CDXVI.

On peut être plus fin qu'un autre, mais non pas plus fin que tous les autres.

CDXVII.

On est quelquefois moins malheureux d'être trompé par ce qu'on aime, que d'en être détrompé.

CDXVIII.

On garde long-temps son premier amant quand on n'en prend pas un second.

CDXIX.

Nous n'avons pas le courage de dire en général que nous n'avons point de défaut, et que nos ennemis n'ont point de bonnes qualités ; mais en détail nous ne sommes pas trop éloignés de le croire. (*)

(*) Ce qui fait croire si facilement que les

CDXX.

De tous nos défauts celui dont nous demeurons le plus aisément d'accord c'est la paresse : nous nous persuadons qu'elle tient à toutes les vertus paisibles, et que, sans détruire entièrement les autres, elle en suspend seulement les fonctions.

CDXXI.

Il y a une élévation qui ne dépend point de la fortune ; c'est un certain air qui nous distingue et qui semble nous destiner aux grandes choses ; c'est un prix que nous nous donnons imperceptiblement à nous-mêmes ; c'est par cette

---

autres ont des défauts, c'est la facilité que l'on a de croire ce que l'on souhaite.

Lettre à madame de SABLÉ,
Manusc. fol. 223. *(Inédit.)*

qualité que nous usurpons les déférences des autres hommes; et c'est elle d'ordinaire qui nous met plus au-dessus d'eux que la naissance, les dignités, et le mérite même.

CDXXII.

Il y a du mérite sans élévation, mais il n'y a point d'élévation sans quelque mérite.

CDXXIII.

L'élévation est au mérite ce que la parure est aux belles personnes.

CDXXIV.

Ce qui se trouve le moins dans la galanterie, c'est de l'amour.

CDXXV.

La fortune se sert quelquefois de nos défauts pour nous élever; et il y a des personnes incommodes, dont le mérite seroit mal récompensé, si l'on n'étoit bien aise d'acheter leur absence.

CDXXVI.

Il semble que la nature ait caché dans le fond de notre esprit des talens et une habileté que nous ne connoissons pas : les passions seules ont le droit de les mettre au jour, et de nous donner quelquefois des vues plus certaines et plus achevées que l'art ne pourroit le faire.

CDXXVII.

Nous arrivons tout nouveaux aux divers âges de la vie, et nous y manquons souvent d'expérience malgré le nombre des années.

CDXXVIII.

Les coquettes se font honneur d'être

jalouses de leurs amans, pour cacher qu'elles sont envieuses des autres femmes.

CDXXIX.

Il s'en faut bien que ceux qui s'attrapent à nos finesses nous paroissent aussi ridicules que nous nous le paroissons à nous-mêmes quand les finesses des autres nous ont attrapés.

CDXXX.

Le plus dangereux ridicule des vieilles personnes qui ont été aimables, c'est d'oublier qu'elles ne le sont plus.

CDXXXI.

Nous aurions souvent honte de nos plus belles actions si le monde voyoit tous les motifs qui les produisent.

CDXXXII.

Le plus grand effort de l'amitié n'est pas de montrer nos défauts à un ami, c'est de lui faire voir les siens.

CDXXXIII.

On n'a guères de défauts qui ne soient plus pardonnables que les moyens dont on se sert pour les cacher.

CDXXXIV.

Quelque honte que nous ayons méritée, il est presque toujours en notre pouvoir de rétablir notre réputation.

CDXXXV.

On ne plaît pas long-temps quand on n'a qu'une sorte d'esprit.

CDXXXVI.

Les fous et les sots ne voient que par leur humeur.

CDXXXVII.

L'esprit nous sert quelquefois à faire hardiment des sottises.

CDXXXVIII.

La vivacité qui augmente en vieillissant, ne va pas loin de la folie.

CDXXXIX.

En amour celui qui est guéri le premier est toujours le mieux guéri.

CDXL.

Les jeunes femmes qui ne veulent point paroître coquettes, et les hommes d'un âge avancé qui ne veulent pas être ridicules, ne doivent jamais parler de l'amour comme d'une chose où ils puissent avoir part.

CDXLI.

Nous pouvons paroître grands dans un emploi au-dessous de notre mérite; mais nous paroissons souvent petits dans un emploi plus grand que nous.

CDXLII.

Nous croyons souvent avoir de la constance dans les malheurs, lorsque nous n'avons que de l'abattement; et nous les souffrons sans oser les regarder, comme les poltrons se laissent tuer de peur de se défendre.

CDXLIII.

La confiance fournit plus à la conversation que l'esprit.

CDXLIV.

Toutes les passions nous font faire

des fautes; mais l'amour nous en fait faire de plus ridicules.

CDXLV.

Peu de gens savent être vieux (*).

CDXLVI.

Nous nous faisons honneur des défauts opposés à ceux que nous avons : quand nous sommes foibles, nous nous vantons d'être opiniâtres.

CDXLVII.

La pénétration a un air de deviner qui

(*) Je sais bien que le bon sens et le bon esprit ennuient à tous les âges, mais les goûts n'y mènent pas toujours, et ce qui feroit bien en un temps ne feroit pas bien en un autre. C'est ce qui me fait croire que peu de gens savent être vieux.

Lettre à madame de SABLÉ, *manusc. fol.* 202. *(Inédit.)*

flatte plus notre vanité que toutes les autres qualités de l'esprit.

CDXLVIII.

La grâce de la nouveauté et la longue habitude, quelque opposées qu'elles soient, nous empêchent également de sentir les défauts de nos amis.

CDXLIX.

La plupart des amis dégoûtent de l'amitié, et la plupart des dévôts dégoûtent de la dévotion.

CDL.

Nous pardonnons aisément à nos amis les défauts qui ne nous regardent pas.

CDLI.

Les femmes qui aiment pardonnent plus aisément les grandes indiscrétions que les petites infidélités.

CDLII.

Dans la vieillesse de l'amour, comme dans celle de l'âge, on vit encore pour les maux, mais on ne vit plus pour les plaisirs.

CDLIII.

Rien n'empêche tant d'être naturel que l'envie de le paroître. (*).

CDLIV.

C'est en quelque sorte se donner part aux belles actions que de les louer de bon cœur.

CDLV.

La plus véritable marque d'être né

(*) L'imitation est toujours malheureuse, et tout ce qui est contrefait déplaît avec les mêmes choses qui charment lorsqu'elles sont naturelles. *Manusc. fol.* 220. *(Inéd.).*

avec de grandes qualités, c'est d'être né sans envie.

CDLVI.

Quand nos amis nous ont trompés, on ne doit que de l'indifférence aux marques de leur amitié ; mais on doit toujours de la sensibilité à leurs malheurs.

CDLVII.

La fortune et l'humeur gouvernent le monde.

CDLVIII.

Il est plus aisé de connoître l'homme en général que de connoître un homme en particulier.

CDLIX.

On ne doit pas juger du mérite d'un homme par ses grandes qualités, mais par l'usage qu'il en sait faire.

CDLX.

Il y a une certaine reconnoissance vive qui ne nous acquitte pas seulement des bienfaits que nous avons reçus, mais qui fait même que nos amis nous doivent en leur payant ce que nous leur devons.

CDLXI.

Nous désirerions peu de choses avec ardeur si nous connoissions parfaitement ce que nous désirons.

CDLXII.

Ce qui fait que la plupart des femmes sont peu touchées de l'amitié, c'est qu'elle est fade quand on a senti l'amour.

CDLXIII.

Dans l'amitié, comme dans l'amour,

on est souvent plus heureux par les choses qu'on ignore que par celles que l'on
sait.

CDLXIV.

Nous essayons de nous faire honneur
des défauts que nous ne voulons pas corriger.

CDLXV.

Les passions les plus violentes nous
laissent quelquefois du relâche, mais la
vanité nous agite toujours.

CDLXVI.

Les vieux fous sont plus fous que les
jeunes.

CDLXVII.

La foiblesse est plus opposée à la vertu
que le vice.

CDLXVIII.

Ce qui rend les douleurs de la honte

et de la jalousie si aiguës, c'est que la vanité ne peut servir à les supporter.

CDLXIX.

La bienséance est la moindre de toutes les lois, et la plus suivie.

CDLXX.

La pompe des enterremens intéresse plus la vanité des vivans que la mémoire des morts.

CDLXXI.

Un esprit droit a moins de peine de se soumettre aux esprits de travers que de les conduire.

CDLXXII.

Lorsque la fortune nous surprend en nous donnant une grande place sans nous y avoir conduits par degrés, ou sans que nous nous y soyons élevés par

nos espérances, il est presque impossible
de s'y bien soutenir et de paroître digne
de l'occuper.

CDLXXIII.

Notre orgueil s'augmente souvent de
ce que nous retranchons de nos autres
défauts.

CDLXXIV.

Il n'y a point de sots si incommodes
que ceux qui ont de l'esprit.

CDLXXV.

Il n'y a point d'homme qui se croie
en chacune de ses qualités au-dessous
de l'homme du monde qu'il estime le
plus.

CDLXXVI.

Dans les grandes affaires on doit moins

s'appliquer à faire naître des occasions
qu'à profiter de celles qui se présentent.

CDLXXVII.

Il n'y a guères d'occasions où l'on fît
un méchant marché de renoncer au bien
qu'on dit de nous, à condition de n'en
dire point de mal.

CDLXXVIII.

Quelque disposition qu'ait le monde
à mal juger, il fait encore plus souvent
grâce au faux mérite qu'il ne fait injustice au véritable.

CDLXXIX.

On est quelquefois un sot avec de l'esprit, mais on ne l'est jamais avec du jugement.

CDLXXX.

Nous gagnerions plus de nous laisser

voir tels que nous sommes, que d'essayer de paroître ce que nous ne sommes pas.

CDLXXXI.

Nos ennemis approchent plus de la vérité dans les jugemens qu'ils font de nous que nous n'en approchons nous-mêmes.

CDLXXXII.

Il y a plusieurs remèdes qui guérissent de l'amour, mais il n'y en a point d'infaillibles.

CDLXXXIII.

Il s'en faut bien que nous connoissions tout ce que nos passions nous font faire.

CDLXXXIV.

La vieillesse est un tyran qui défend,

sur peine de la vie, tous les plaisirs de
la jeunesse.

CDLXXXV.

Le même. orgueil qui nous fait blâmer les défauts dont nous nous croyons
exempts nous porte à mépriser les bonnes qualités que nous n'avons pas.

CDLXXXVI.

Il y a souvent plus d'orgueil que de
bonté à plaindre les malheurs de nos
ennemis : c'est pour leur faire sentir que
nous sommes au-dessus d'eux, que nous
leur donnons des marques de compas-
sion.

CDLXXXVII.

Il y a un excès de biens et de maux
qui passe notre sensibilité.

CDLXXXVIII.

Il s'en faut bien que l'innocence trouve autant de protection que le crime.

CDLXXXIX.

De toutes les passions violentes, celle qui sied le moins mal aux femmes, c'est l'amour.

CDXC.

La vanité nous fait faire plus de choses contre notre goût que la raison.

CDXCI.

Il y a de méchantes qualités qui font de grands talens.

CDXCII.

On ne souhaite jamais ardemment ce qu'on ne souhaite que par raison.

CDXCIII.

Toutes nos qualités sont incertaines
et douteuses en bien comme en mal,
et elles sont presque toutes à la merci
des occasions.

CDXCIV.

Dans les premières passions les femmes aiment l'amant ; dans les autres
elles aiment l'amour.

CDXCV.

L'orgueil a ses bizarreries comme les
autres passions : on a honte d'avouer
qu'on ait de la jalousie , et l'on se fait
honneur d'en avoir eu et d'être capable
d'en avoir.

CDXCVI.

Quelque rare que soit le véritable

amour, il l'est encore moins que la véritable amitié.

CDXCVII.

Il y a peu de femmes dont le mérite dure plus que la beauté.

CDXCVIII.

L'envie d'être plaint ou d'être admiré fait souvent la plus grande partie de notre confiance.

CDXCIX.

Notre envie dure toujours plus long-temps que le bonheur de ceux que nous envions.

D.

La même fermeté qui sert à résister à l'amour sert aussi à le rendre violent et durable ; et les personnes foibles, qui sont toujours agitées des passions, n'en sont presque jamais véritablement remplies.

DI.

L'imagination ne sauroit inventer tant de diverses contrariétés qu'il y en a naturellement dans le cœur de chaque personne.

DII.

Il n'y a que les personnes qui ont de la fermeté qui puissent avoir une véritable douceur ; celles qui paroissent douces n'ont d'ordinaire que de la foiblesse, qui se convertit aisément en aigreur.

DIII.

La timidité est un défaut dont il est dangereux de reprendre les personnes qu'on en veut corriger.

DIV.

Rien n'est plus rare que la véritable
bonté : ceux même qui croient en avoir
n'ont d'ordinaire que de la complai-
sance ou de la foiblesse.

DV.

L'esprit s'attache par paresse et par
constance à ce qui lui est facile ou a-
gréable : cette habitude met toujours des
bornes à nos connoissances ; et jamais
personne ne s'est donné la peine d'éten-
dre et de conduire son esprit aussi loin
qu'il pouvoit aller.

DVI.

On est d'ordinaire plus médisant par
vanité que par malice.

DVII.

Quand on a le cœur encore agité par

les restes d'une passion, on est plus près
d'en prendre une nouvelle que quand
on est entièrement guéri.

DVIII.

Ceux qui ont eu de grandes passions
se trouvent toute leur vie heureux et
malheureux d'en être guéris.

DIX.

Il y a encore plus de gens sans intérêt que sans envie.

DX.

Nous avons plus de paresse dans l'esprit que dans le corps.

DXI.

La paresse est, de toutes nos passions, celle qui nous est le plus incon-
nue à nous-mêmes. Nulle autre n'est
plus ardente et plus maligne, quoique

les dommages qu'elle cause soient très-cachés. Si nous considérons attentivement son influence, nous verrons qu'en toute occasion elle se rend maîtresse de nos sentimens, de nos intérêts, et de nos plaisirs : c'est le rémora qui arrête les plus grands vaisseaux, c'est une bonace plus dangereuse aux plus importantes affaires que les écueils et les tempêtes. Le repos de la paresse est un charme secret de l'ame, qui suspend nos plus ardentes poursuites et nos plus fermes résolutions.

DXII.

Le calme ou l'agitation de notre humeur ne dépend pas tant de ce qui nous arrive de plus considérable dans la vie, que d'un arrangement commode ou désagréable de petites choses qui arrivent tous les jours.

DXIII.

Quelque méchans que soient les hommes, ils n'oseroient paroître ennemis de la vertu; et lorsqu'ils la veulent persécuter, ils feignent de croire qu'elle est fausse, ou ils lui supposent des crimes.

DXIV.

On passe souvent de l'amour à l'ambition; mais on ne revient guères de l'ambition à l'amour.

DXV.

L'extrême avarice se méprend presque toujours: il n'y a point de passion qui s'éloigne plus souvent de son but, ni sur qui le présent ait tant de pouvoir au préjudice de l'avenir.

DXVI.

L'avarice produit souvent des effets

contraires : il y a un nombre infini de
gens qui sacrifient tout leur bien à des
espérances douteuses et éloignées ; d'autres méprisent de grands avantages à venir pour de petits intérêts présens.

DXVII.

Il semble que les hommes ne se trouvent pas assez de défauts : ils en augmentent encore le nombre par de certaines qualités singulières dont ils affectent de se parer ; et ils les cultivent avec
tant de soin, qu'elles deviennent à la
fin des défauts naturels qu'il ne dépend
plus d'eux de corriger.

DXVIII.

Ce qui fait voir que les hommes connoissent mieux leurs fautes qu'on ne
pense, c'est qu'ils n'ont jamais tort
quand on les entend parler de leur con-

duite : le même amour-propre qui les aveugle d'ordinaire les éclaire alors, et leur donne des vues si justes, qu'il leur fait supprimer ou déguiser les moindres choses qui peuvent être condamnées (*).

DXIX.

Il faut que les jeunes gens qui entrent dans le monde soient honteux ou étourdis : un air capable et composé se tourne d'ordinaire en impertinence.

DXX.

Les querelles ne dureroient pas long-temps, si le tort n'étoit que d'un côté.

(*) Dieu a permis, pour punir l'homme du péché originel, qu'il se fît un bien de son amour-propre pour en être tourmenté dans toutes les actions de sa vie.

Manusc. fol. 310. (Inédit.)

DXXI.

Il ne sert de rien d'être jeune sans être belle, ni d'être belle sans être jeune.

DXXII.

Il y a des personnes si légères et si frivoles qu'elles sont aussi éloignées d'avoir de véritables défauts que des qualités solides.

DXXIII.

On ne compte d'ordinaire la première galanterie des femmes que lorsqu'elles en ont une seconde.

DXXIV.

Il y a des gens si remplis d'eux-mêmes, que, lorsqu'ils sont amoureux, ils trouvent moyen d'être occupés de leur passion, sans l'être de la personne qu'ils aiment.

DXXV.

L'amour, tout agréable qu'il est, plaît encore plus par les manières dont il se montre que par lui-même.

DXXVI.

Peu d'esprit avec de la droiture ennuie moins à la longue que beaucoup d'esprit avec du travers.

DXXVII.

La jalousie est le plus grand de tous les maux, et celui qui fait le moins de pitié aux personnes qui le causent.

DXXVIII.

Après avoir parlé de la fausseté de tant de vertus apparentes, il est raisonnable de dire quelque chose de la fausseté du mépris de la mort : j'entends parler de ce mépris de la mort que les Payens se vantent de tirer de leurs propres forces sans l'espérance d'une meilleure vie. Il y a de la différence entre souffrir la mort constamment, et la mépriser. Le premier est assez ordinaire ; mais je crois que l'autre n'est jamais sincère. On a écrit néanmoins tout ce qui peut le plus persuader que la mort n'est point un mal ; et les hommes les plus foibles, aussi bien que les héros, ont donné mille exemples célèbres pour établir cette opinion. Cependant je doute que personne de bon sens l'ait jamais cru ; et la peine que l'on prend pour le persuader aux autres et à soi-même fait assez voir que cette entreprise n'est pas aisée. On peut avoir divers sujets de dégoûts dans la vie ; mais on n'a jamais raison de mépriser la mort. Ceux même qui se la donnent volontairement ne la

comptent pas pour si peu de chose, et
ils s'en étonnent et la réjettent comme
les autres, lorsqu'elle vient à eux par
une autre voie que celle qu'ils ont choisie. L'inégalité que l'on remarque dans
le courage d'un nombre infini de vaillans hommes vient de ce que la mort
se découvre différemment à leur imagination, et y paroît plus présente en
un temps qu'en un autre. Ainsi il arrive qu'après avoir méprisé ce qu'ils ne
connoissoient pas, ils craignent enfin
ce qu'ils connoissent. Il faut éviter de
l'envisager avec toutes ses circonstances,
si on ne veut pas croire qu'elle soit le
plus grand de tous les maux. Les plus
habiles et les plus braves sont ceux qui
prennent de plus honnêtes prétextes.
pour s'empêcher de la considérer; mais
tout homme qui la sait voir telle qu'elle

est trouve que c'est une chose épou-
vantable. La nécessité de mourir faisoit
toute la constance des Philosophes. Ils
croyoient qu'il falloit aller de bonne
grâce où l'on ne sauroit s'empêcher
d'aller ; et ne pouvant éterniser leur
vie , il n'y avoit rien qu'ils ne fissent
pour éterniser leur réputation , et sauver du naufrage ce qui en peut être ga-
ranti. Contentons-nous, pour faire bonne
mine, de ne nous pas dire à nous-mêmes
tout ce que nous en pensons , et espé-
rons plus de notre tempérament que de
ces foibles raisonnemens qui nous font
croire que nous pouvons approcher de
la mort avec indifférence. La gloire de
mourir avec fermeté, l'espérance d'être
regretté , le désir de laisser une belle
réputation , l'assurance d'être affranchi
des misères de la vie , et de ne dépen-

dre plus des caprices de la fortune, sont
des remèdes qu'on ne doit pas rejeter ;
mais on ne doit pas croire aussi qu'ils
soient infaillibles. Ils font pour nous assurer ce qu'une simple haie fait souvent
à la guerre pour assurer ceux qui doivent approcher d'un lieu d'où l'on tire.
Quand on en est éloigné, on s'imagine
qu'elle peut mettre à couvert ; mais
quand on en est proche on trouve que
c'est un foible secours. C'est nous flatter, de croire que la mort nous paroisse
de près ce que nous en avons jugé de
loin, et que nos sentimens, qui ne sont
que foiblesse, soient d'une trempe assez
forte pour ne point souffrir d'atteinte
par la plus rude de toutes les épreuves.
C'est aussi mal connoître les effets de
l'amour-propre, que de penser qu'il
puisse nous aider à compter pour rien

ce qui le doit nécessairement détruire ;
et la raison, dans laquelle on croit trouver tant de ressources , est trop foible
en cette rencontre pour nous persuader
ce que nous voulons. C'est elle au contraire qui nous trahit le plus souvent,
et qui, au lieu de nous inspirer le mépris de la mort, sert à nous découvrir
ce qu'elle a d'affreux et de terrible. Tout
ce qu'elle peut faire pour nous est de
nous conseiller d'en détourner les yeux
pour les arrêter sur d'autres objets. Ca-
ton et Brutus en choisirent d'illustrès.
Un laquais se contenta il y a quelque
temps de danser sur l'échafaud où il
alloit être roué. Ainsi, bien que les motifs soient différens , ils produisent les
mêmes effets ; de sorte qu'il est vrai que,
quelque disproportion qu'il y ait entre
les grands hommes et les gens du com-

mun, on a vu mille fois les uns et les
autres recevoir la mort d'un même visage ; mais ça toujours été avec cette
différence, que, dans le mépris que les
grands hommes font paroître pour la
mort, c'est l'amour de la gloire qui leur
en ôte la vue ; et dans les gens du commun, ce n'est qu'un effet de leur peu de
lumière qui les empêche de connoître
la grandeur de leur mal, et leur laisse
la liberté de penser à autre chose (*).

(*) Il me semble que voilà jusqu'où la
philosophie d'un laquais méritoit d'aller, je
crois que toute gaîté en cet état-là est bien
suspecte.
                    Lettre à madame de SABLÉ,
                    manusc. fol. 161. (Inédit.)

Nous avons réservé et nous plaçons ici une pensée qui, par sa justesse, le tour rapide et ingénieux de son expression, mérite bien une distinction toute particulière. Ce morceau, d'un fini si précieux, étoit encore inédit; nous l'avons tiré, ainsi que tous ceux qui paroissent pour la première fois dans cette édition, d'un manuscrit de la Bibliothèque Impériale.

« L'INTÉRÊT est l'ame de l'amour-
» propre, de sorte que comme le corps
» privé de son ame, est sans vue, sans
» ouïe, sans connoissance, sans senti-
» ment et sans mouvement; de même,
» l'amour - propre séparé, s'il le faut
» dire ainsi, de son intérêt, ne voit,
» n'entend, ne sent et ne se remue
» plus; de là vient qu'un même homme

» qui court la terre et les mers pour son
» intérêt, devient soudainement para-
» lytique pour l'intérêt des autres; de
» là vient le soudain assoupissement et
» cette mort que nous causons à tous
» ceux à qui nous contons nos affaires;
» de là vient leur prompte résurrection
» lorsque dans notre narration nous y
» mêlons quelque chose qui les regarde,
» de sorte que nous voyons dans nos
» conversations et dans nos traités, que
» dans un même moment, un homme
» perd connoissance et revient à soi,
» selon que son propre intérêt s'appro-
» che de lui ou qu'il s'en retire ».

Lettre à madame de SABLÉ,
manusc. fol. 211.

RÉFLEXIONS

MORALES.

I.

Ce que nous prenons pour des vertus n'est souvent qu'un assemblage de diverses actions et de divers intérêts que la fortune ou notre industrie savent arranger; et ce n'est pas toujours par valeur et par chasteté que les hommes sont vaillans et que les femmes sont chastes.

II.

L'amour-propre est le plus grand de tous les flatteurs.

III.

Quelques découvertes que l'on ait faites dans le pays de l'amour-propre,

il y reste encore bien des terres in-
connues.

IV.

L'amour-propre est plus habile que
le plus habile homme du monde.

V.

La durée de nos passions ne dépend
pas plus de nous que la durée de notre
vie.

VI.

La passion fait souvent un fou du
plus habile homme, et rend souvent
habiles les plus sots.

VII.

Ces grandes et éclatantes actions, qui
éblouissent les yeux, sont représentées
par les politiques comme les effets des
grands desseins, au lieu que ce sont
d'ordinaire les effets de l'humeur et
des passions. Ainsi la guerre d'Auguste

et d'Antoine, qu'on rapporte à l'ambition qu'ils avoient de se rendre maîtres
du monde, n'étoit peut-être qu'un effet
de jalousie.

VIII.

Les passions sont les seuls orateurs
qui persuadent toujours. Elles sont
comme un art de la nature dont les
règles sont infaillibles; et l'homme le
plus simple, qui a de la passion, persuade mieux que le plus éloquent qui
n'en a point.

IX.

Les passions ont une injustice et un
propre intérêt, qui fait qu'il est dangereux de les suivre, et qu'on s'en doit
défier, lors même qu'elles paroissent le
plus raisonnables.

X.

Il y a dans le cœur humain une génération perpétuelle de passions, en

sorte que la ruine de l'une est presque toujours l'établissement d'une autre.

XI.

Les passions en engendrent souvent qui leur sont contraires : l'avarice produit quelquefois la prodigalité , et la prodigalité l'avarice. On est souvent ferme par foiblesse et audacieux par timidité.

XII.

Quelque soin que l'on prenne de couvrir ses passions par des apparences de piété et d'honneur, elles paroissent toujours au travers de ces voiles.

XIII.

Notre amour-propre souffre plus impatiemment la condamnation de nos goûts que de nos opinions.

TABLE

DES MATIÈRES.

Les Chiffres marquent les n.ᵒˢ des Pensées.

Nota. Celles qui ont des Additions ou Variantes inédites sont suivies d'une *.

A

B

C

D

G

H

I

J

L

M

N

O

P

Q

R

S

FIN.

Un Dîner du siècle de Louis XIV.

COMME on ne fait rien pour rien, je vous demande un potage aux carottes, un ragoût de mouton et un de bœuf comme celui que nous eûmes lorsque M. le Commandeur de Souvré dîna chez vous ; de la sauce verte et un autre plat, soit un chapon aux pruneaux ou telle autre chose que vous jugerez digne de votre choix ; si je pouvois espérer deux assiettes de ces confitures dont je ne méritois pas de manger autrefois, je croirois vous être redevable toute ma vie : j'envoie donc savoir ce que je puis espérer pour lundi à midi.

LA ROCHEFOUCAULD.

*Lettre à madame de SABLÉ,
Manusc. fol. 220 et 221.*